A Dádiva do Perdão

Também por Katherine Schwarzenegger Pratt

Rock What You've Got: Secrets to Loving Your Inner and Outer Beauty from Someone Who's Been There and Back

I Just Graduated . . . Now What?: Honest Answers from Those Who Have Been There

Maverick and Me

A Dádiva do Perdão

Histórias Inspiradoras de
Quem Superou o Imperdoável

Katherine Schwarzenegger Pratt

Rio de Janeiro, 2021

A Dádiva do Perdão

Copyright © 2021 da Starlin Alta Editora e Consultoria Eireli.
ISBN: 978-65-5520-262-5

Translated from original The Gift of Forgiveness: Inspiring stories from those who have overcome the unforgivable. Copyright © 2020 by Katherine Schwarzenegger Pratt. ISBN 978-1-9848-7825-0. This translation is published and sold by permission of Pamela Dorman Books Life/Viking, the owner of all rights to publish and sell the same an imprint of Penguin Random House LLC, LLC. PORTUGUESE language edition published by Starlin Alta Editora e Consultoria Eireli, Copyright © 2021 by Starlin Alta Editora e Consultoria Eireli.

Todos os direitos estão reservados e protegidos por Lei. Nenhuma parte deste livro, sem autorização prévia por escrito da editora, poderá ser reproduzida ou transmitida. A violação dos Direitos Autorais é crime estabelecido na Lei nº 9.610/98 e com punição de acordo com o artigo 184 do Código Penal.

A editora não se responsabiliza pelo conteúdo da obra, formulado exclusivamente pelo(s) autor(es).

Marcas Registradas: Todos os termos mencionados e reconhecidos como Marca Registrada e/ou Comercial são de responsabilidade de seus proprietários. A editora informa não estar associada a nenhum produto e/ou fornecedor apresentado no livro.

Impresso no Brasil — 1ª Edição, 2021 — Edição revisada conforme o Acordo Ortográfico da Língua Portuguesa de 2009.

Erratas e arquivos de apoio: No site da editora relatamos, com a devida correção, qualquer erro encontrado em nossos livros, bem como disponibilizamos arquivos de apoio se aplicáveis à obra em questão.

Acesse o site www.altabooks.com.br e procure pelo título do livro desejado para ter acesso às erratas, aos arquivos de apoio e/ou a outros conteúdos aplicáveis à obra.

Suporte Técnico: A obra é comercializada na forma em que está, sem direito a suporte técnico ou orientação pessoal/exclusiva ao leitor.

A editora não se responsabiliza pela manutenção, atualização e idioma dos sites referidos pelos autores nesta obra.

Dados Internacionais de Catalogação na Publicação (CIP) de acordo com ISBD

P913d	Pratt, Katherine Schwarzenegger
	A Dádiva do Perdão: Histórias Inspiradoras de quem Superou o Imperdoável / Katherine Schwarzenegger Pratt ; traduzido por Raquel Escobar. - Rio de Janeiro : Alta Books, 2021. 224 p. : il. ; 14cm x 21cm.
	Tradução de: The Gift of Forgiveness ISBN: 978-65-5520-262-5
	1. Autoajuda. 2. Narrativa pessoal. I. Escobar, Raquel. II. Título.
2021-3102	CDD 158.1 CDU 159.947

Elaborado por Vagner Rodolfo da Silva - CRB-8/9410

Rua Viúva Cláudio, 291 — Bairro Industrial do Jacaré
CEP: 20.970-031 — Rio de Janeiro (RJ)
Tels.: (21) 3278-8069 / 3278-8419
www.altabooks.com.br — altabooks@altabooks.com.br

Produção Editorial
Editora Alta Books

Diretor Editorial
Anderson Vieira

Gerência Comercial
Daniele Fonseca

Coordenação Financeira
Solange Souza

Editor de Aquisição
José Rugeri
acquisition@altabooks.com.br

Produtores Editoriais
Illysabelle Trajano
Thales Silva
Thiê Alves

Produtor da Obra
Maria de Lourdes Borges

Marketing Editorial
Livia Carvalho
Gabriela Carvalho
Thiago Brito
marketing@altabooks.com.br

Equipe Ass. Editorial
Brenda Rodrigues
Caroline David
Luana Rodrigues
Mariana Portugal
Raquel Porto

Equipe de Design
Larissa Lima
Marcelli Ferreira
Paulo Gomes

Equipe Comercial
Adriana Baricelli
Daiana Costa
Fillipe Amorim
Kaique Luiz
Victor Hugo Morais
Viviane Paiva

Atuaram na edição desta obra:

Tradução
Raquel Escobar

Revisão Gramatical
Isadora Araújo
Rafael Fontes

Copidesque
Joris Bianca

Diagramação
Joyce Matos

Capa
Rita Motta

📩 **Ouvidoria**: ouvidoria@altabooks.com.br

Editora afiliada à:

Este livro é dedicado à minha família e a todos que são corajosos o suficiente para praticar ou para começar a praticar o perdão. É dedicado a todos que perdoaram e foram perdoados. Espero que possamos entender que todos têm suas dificuldades e que cada um pode ser uma força de compaixão, empatia, compreensão e amor na vida de outra pessoa.

"Sobre o Perdão"

A dor era necessária para conhecer a verdade, mas não precisamos mantê-la viva para que a verdade continue viva.

É isto que sempre me impediu de perdoar: a sensação de que as coisas pelas quais passei sumirão se eu não as reviver; que se as pessoas que me machucaram não virem o que fizeram, meu sofrimento terá sido em vão. A pedra que jogo no lago sabe disso melhor do que eu; a agitação acaba.

Tudo se resume à clareza de saber que devo parar de definir quem sou por aqueles que me machucaram e assumir o risco de me amar, de validar minha própria existência, com todas as dores, de dentro para fora.

Como qualquer pessoa que já foi injustiçada pode dizer, para que o fogo da justiça continue queimando, precisamos manter nossos ferimentos abertos, como uma evidência perpétua. Vivendo dessa forma, é impossível nos curarmos. Vivendo dessa forma, viramos nossa própria versão de Prometeu, com nossas vísceras sendo comidas diariamente pelo enorme pássaro da mágoa.

O perdão traz recompensas maiores do que apenas desculpar uma pessoa por quanto nos machucou. A cura mais profunda vem com a troca de nossos ressentimentos por liberdade interior. Finalmente, o ferimento, mesmo que não seja reconhecido pela outra pessoa, pode sarar; e nossa vida, seguir em frente.

— *Mark Nepo*

Agradecimentos

Gostaria de agradecer a todas as pessoas neste livro por confiarem suas jornadas do perdão a mim. Suas histórias são brutas, vulneráveis, emocionantes, e reais, e eu sou muito grata por as terem dividido comigo. Este livro não teria sido possível sem o amor e apoio da minha equipe maravilhosa: Nena Madonia Oshman e Jan Miller Rich, que trabalharam comigo em todos os meus livros. Elas me deram tanto amor e recomendações, e a amizade delas significa tudo para mim. Sou grata aos editores, Pam Dorman e Jeramie Orton, que trabalharam em todos os detalhes deste livro comigo e foram incrivelmente pacientes e gentis. Agradeço também à minha agente e amiga querida, Hilary Williams Dunlap, que me apoia e luta por tudo o que faço e gosto todos os dias. Agradeço a Nayon Cho, que teve a paciência e a gentiliza de trabalhar várias vezes comigo, até a capa ficar perfeita. Agradeço aos meus amigos mais próximos, minha família maravilhosa: minha mãe, que me aconselhou o tempo todo; minha irmã, Christina, que teve a brilhante ideia de adicionar uma seção de reflexão neste livro; meus irmãos, Patrick e Christopher, e meu pai, que apoiaram meu processo de escrita e a ideia do livro; e ao meu marido incrivelmente motivador, Chris, que ouviu, amou, e ofereceu conselhos conforme eu trabalhava neste livro. E também agradeço ao meu enteado, Jack, que sempre me faz rir. Eles todos ouviram a cada entrevista, lidaram com as percepções e dificuldades que tive e ficaram ao meu lado conforme eu melhor entendia o perdão. Também sou profundamente grata ao Will Thach. Conheço Will desde menina, e ele me ajudou imensamente ao me instigar em minha escrita, meus pensamentos, e ao me ouvir depois de cada entrevista, ajudando-me a entendê-las.

Por fim, agradeço a todas as pessoas corajosas que cederam seu tempo, que compartilharam comigo sua sabedoria, suas dores, suas decepções e suas esperanças. Este livro existe graças a vocês. Obrigada.

Para mais informações sobre o perdão, procurem as organizações que fazem trabalhos maravilhosos no seguinte espaço:

The Forgiveness Project

Worldwide Forgiveness Alliance

AGRADECIMENTOS

Várias das pessoas que foram entrevistadas escreveram os próprios livros. Eu os listei abaixo, caso você esteja interessado em saber mais sobre suas histórias:

ELIZABETH SMART

My Story (com Chris Stewart)

Where There's Hope: Healing, Moving Forward, and Never Giving Up

CHRIS WILLIAMS

Let It Go: A True Story of Tragedy and Forgiveness

IMMACULÉE ILIBAGIZA

Sobrevivi para Contar: O poder da fé me salvou de um massacre

Led by Faith: Rising from the Ashes of the Rwandan Genocide (Left to Tell)

Our Lady of Kibeho: Mary Speaks to the World from the Heart of Africa

Sowing the Seeds of Forgiveness: Sharing Messages of Love and Hope After the Rwandan Genocide

A Visit from Heaven

The Boy Who Met Jesus: Segatashya of Kibeho

The Rosary: The Prayer That Saved My Life

The Story of Jesus and Mary in Kibeho: A Prophecy Fulfilled

RON HALL

Same Kind of Different As Me: A Modern-Day Slave, an International Art Dealer, and the Unlikely Woman Who Bound Them Together (com Denver Moore e Lynn Vincent)

What Difference Do It Make?: Stories of Hope and Healing

Workin' Our Way Home: The Incredible True Story of a Homeless Ex-Con and a Grieving Millionaire Thrown Together to Save Each Other

DEBORAH COPAKEN

Shutterbabe: Adventures in Love and War Between Here and April

Hell Is Other Parents: And Other Tales of Maternal Combustion

The Red Book

The ABCs of Adulthood: An Alphabet of Life Lessons

The ABCs of Parenthood: An Alphabet of Parenting Advice

NADIA BOLZ-WEBER

Salvation on the Small Screen? 24 Hours of Christian Television

Pastrix: The Cranky, Beautiful Faith of a Sinner & Saint

Accidental Saints: Finding God in All the Wrong People

Shameless: A Sexual Reformation

AGRADECIMENTOS

LEWIS HOWES

The School of Greatness: A Real-World Guide to Living Bigger, Loving Deeper, and Leaving a Legacy

The Mask of Masculinity: How Men Can Embrace Vulnerability, Create Strong Relationships, and Live Their Fullest Lives

SCARLETT LEWIS

Nurturing Healing Love: A Mother's Journey of Hope & Forgiveness

DeVon FRANKLIN

The Wait: A Powerful Practice for Finding the Love of Your Life and the Life You Love (com Meagan Good e Tim Vandehey)

Produced by Faith: Enjoy Real Success without Losing Your True Self (com Tim Vandehey)

The Truth About Men: What Men and Women Need to Know

The Success Commandments: Master the Ten Spiritual Principles to Achieve Your Destiny (com Tim Vandehey)

MICHELLE LeCLAIR

Perfectly Clear: Escaping Scientology and Fighting for the Woman I Love (com Robin Gaby Fisher)

SUE KLEBOLD

O Acerto de Contas de uma Mãe: A vida após a tragédia de Columbine (com introdução de Andrew Solomon)

xv

MARK KELLY

Mousetronaut: Based on a (Partially) True Story

Gabby: A Story of Courage and Hope (com Gabrielle Giffords)

Astrotwins: Project Rescue

Enough: Our Fight to Keep America Safe from Gun Violence (com Gabrielle Giffords)

TANYA BROWN

Finding Peace Amid the Chaos: My Escape from Depression and Suicide (com William Croyle)

CORA JAKES COLEMAN

Faithing It: Bringing Purpose Back to Your Life!

Ferocious Warrior: Dismantle Your Enemy and Rise

Victory: Having the Edge for Success in the Battlegrounds of Life (com T. D. Jakes)

SEBASTIÁN MARROQUÍN

Pablo Escobar – Meu Pai: As Histórias que Não Deveríamos Saber

Sumário

Introdução	1
Elizabeth Smart	9
Chris Williams	15
Sarah Klein	23
Polly Sheppard	33
Christy Little Jones	39
Immaculée Ilibagiza	47
Ron Hall	55
Deborah Copaken	63
Nadia Bolz-Weber	71
Lewis Howes	79
Scarlett Lewis	87
DeVon Franklin	99

Mark Rozzi	*107*
Michelle LeClair	*119*
Sue Klebold	*127*
Talinda Bennington	*139*
Mark Kelly	*147*
Iskra Lawrence	*153*
Tanya Brown	*161*
Adel Altamimi	*169*
Cora Jakes Coleman	*179*
Sebastián Marroquín	*185*
Conclusão	*195*
Agora É Sua Vez	*201*

Introdução

Eu me lembro do exato momento em que soube que queria mergulhar nas profundezas do sentimento do perdão. Estava no estacionamento de um restaurante que amo quando, de repente, vi a garota que costumava ser minha melhor amiga.

Não éramos apenas melhores amigas, éramos como irmãs, inseparáveis desde o nascimento. Compartilhávamos tudo, desde o dia do nosso aniversário até nossas roupas, nossos amigos, nossas famílias, nossos segredos e nossos sonhos. Sentíamos que éramos a mesma pessoa; de fato, a maioria das pessoas juntavam nossos nomes, vendo-nos como a dupla que nunca se separa.

E então, com mais de vinte anos de amizade, tivemos um desentendimento — que abalou a minha própria essência. A ausência dela deixou um buraco profundo em minha vida. Pela primeira vez, vivia sem minha melhor amiga ao meu lado e não sabia quem eu era sem ela. O fim da nossa amizade afetou todas as áreas da minha vida. Foi horrível e me deixou arrasada.

Depois de manter distância e tomar um tempo para entender a mudança, convenci-me de que estava bem e que tinha perdoado a pessoa que outrora considerei parte da minha família. Pouco depois de declarar que eu tinha seguido em frente, entretanto, acabei encontrando minha antiga amiga por acaso e soube imediatamente que não estava nem perto de ter superado o que aconteceu. Em sua presença, senti-me ansiosa, assustada, magoada, brava e tremendamente emocionada, e eu soube naquele momento que nunca mais queria me sentir assim, especialmente perto dela.

Foi naquele momento que fiz uma promessa a mim mesma: eu voltaria a mergulhar no perdão. Dessa vez, mergulharia ainda mais fundo. Decidi fazer terapia semanalmente e, ocasionalmente, ia até duas vezes por semana. Procurei ajuda com o meu padre, com o meu pastor, e falei com pessoas de todas as fés e de nenhuma fé. Conversei com pessoas de todas as idades, de todas as vivências; conversei com amigos e até com pessoas que não conhecia tão bem. Descobri que existiam muitas pessoas que viveram experiências parecidas, com rupturas não curadas. Fui em busca das histórias daqueles que perdoaram para que eu

INTRODUÇÃO

pudesse me inspirar a perdoar e seguir com a minha própria vida.

Alguns podem achar que brigar com sua melhor amiga parece algo banal, mas, para mim — e para tantos com quem conversei —, não é. Aprendi que rupturas em relacionamentos vêm em todos os tamanhos e formas. E ninguém pode dizer a você como lidar com a sua dor, o que ela significará em sua vida, nem como ela afetará o seu mundo.

Eu sabia que, em se tratando de perdão, o trabalho seria difícil — e se eu não acertasse, sentiria esse frio na barriga pelo resto da vida. Sabia que acabaria se transformando em um trauma. No instante em que minha antiga amiga apareceu, eu soube que o perdão era muito mais profundo e muito mais complicado do que eu esperava e que eu queria praticá-lo melhor.

Sou muito grata por ter decidido começar a me empenhar em entender o perdão naquela época, porque realmente é um trabalho para a vida toda. É difícil passar pela vida se não souber como perdoar os outros, aqueles que costumava amar e ainda ama e, frequentemente, o mais complicado, perdoar a si mesmo. O perdão não é simplesmente dizer "eu te perdoo" — é esforçar-se para *se desapegar*, o que pra mim se provou ser um trabalho contínuo.

Quando penso na minha jornada de perdão, a coisa mais importante que aprendi é como a dádiva é verdadeiramente poderosa. Eu incentivo a todos a receberem a dádiva do perdão em suas vidas. É uma jornada interminável e fascinante que permitirá que você continue a crescer e seja testado ao longo do tempo.

Não sou, é claro, uma *expert* em perdão — de fato, considero-me uma estudante do perdão. Aprendo constantemente sobre o processo, que é o motivo de eu querer escrever este livro e entrevistar estas pessoas sobre suas jornadas únicas com o perdão. As conversas que tivemos trataram das histórias mais incríveis de inspiração, mágoa, medo e esperança que já vi. Mas, antes de contar o fim da história com a minha amiga, permita-me levá-lo ao começo, quando tive meu primeiro contato com o "me desculpe".

Eu estava no parquinho do jardim de infância. Lembro-me distintamente da raiva que corria por meu corpo de cinco anos quando minha amiga mentiu para mim sobre uma brincadeira para a qual eu não tinha sido convidada. Lembro-me de ter ido para casa e chorado de tristeza ao contar para minha mãe sobre a mentira da minha amiga. Minha mãe explicou que todos erram e que precisamos aprender a perdoar nossos amigos. Então, foi exatamente o que fiz. Fui para a escola no dia seguinte e falei para minha amiga que eu a perdoava. Ela pediu desculpa, nós nos abraçamos e fizemos as pazes.

Anos depois, descobri que isso não foi, de fato, perdão. Perdoar facilmente é arriscar nos prendermos a um padrão prejudicial que pode durar anos. Ao não falarmos aberta-

INTRODUÇÃO

mente sobre um problema ou um acontecimento, evitamos as coisas que realmente precisamos enfrentar. Enterramos coisas que deveriam, de fato, ser desenterradas e protegemos pessoas que precisam de limites. Aprendi que, às vezes, o perdão nos faz sentir fracos e, outras, nos faz sentir fortes. Ele pode nos prender ou pode nos libertar.

O que eu aprendi é que o perdão tem muito mais nuances do que aquilo que aprendemos no parquinho do jardim de infância. Não é um passo fácil; não é um simples "me desculpe": perdoar envolve honestidade, coragem, autorreflexão, a capacidade de ouvir com atenção. Envolve o desejo de perdoar e de talvez não perdoar. E o mais importante, envolve muito amor, várias e várias vezes. A prática do perdão é uma recompensa por si mesma, uma dádiva tanto para você mesmo quanto para o mundo.

AGORA, VOLTEMOS À MINHA AMIGA. Hoje fico feliz em dizer que somos amigas. Aquele frio na barriga — e toda a ansiedade — sumiu. Agora, nós duas temos muito amor e respeito e desejamos apenas o melhor uma para a outra. Quando nos vemos, rimos, recontamos histórias de nossos passados e compartilhamos o que acontece em nossas vidas no presente. Esse perdão é *nosso*; é uma jornada compartilhada, uma escolha que nós duas fizemos e sustentamos continuamente. O objetivo não era sermos tão próximas quanto éramos na infância; era sermos capazes de remediar a situação e seguir em frente. Eu chamo esse tipo de perdão de *consciente* — uma escolha consciente que fazemos várias vezes durante nossas vidas, em nossas amizades, nossos casamentos, separações, divórcios e até na morte. É uma escolha que fazemos e continuaremos a fazer para sempre.

O trabalho que fiz para entender as consequências da ruptura em minha amizade também permitiu que eu pensasse mais profundamente no meu papel no término dela. Foi o que me permitiu olhar para outros relacionamentos, ver quando perdoei fácil demais, quando não me comuniquei claramente ou enterrei ressentimentos que vieram à tona de outras maneiras. Ao aprender como perdoar a minha amiga, eu também aprendi a perdoar a mim mesma e a outras pessoas que me magoaram. Isso tudo me forçou a ser brutalmente honesta e encontrar novas maneiras de seguir em frente, com amor e perdão. Orgulho-me de dizer que fiz isso em todas as áreas da minha vida. E isso tudo me leva de volta ao jardim de infância.

Acontece que, no fim, a lição que aprendi há tantos anos no parquinho tem alguma verdade. Somos todos humanos, todos cometemos erros e, em algum momento de nossas vidas, estaremos em uma posição de pedir perdão ou de perdoar. O bom é que o poder de pedir perdão, ou concedê-lo, mora dentro de nós. Então, peço que você siga o seu próprio ritmo, siga seu coração e aceite a jornada.

INTRODUÇÃO

Eu mesma tive momentos difíceis com o perdão durante anos, em minhas amizades, relacionamentos e na minha família. Estou certa de que terei momentos, no futuro, em que serei desafiada a perdoar ou a pedir perdão novamente. É por isso que sou tão grata às pessoas que compartilharam suas histórias com o perdão neste livro. Cada uma delas trilhou um caminho diferente e viveu uma história diferente. O que eu aprendi com estas histórias é algo só meu, assim como o que você aprender ao lê-las será somente seu. É por isso que este livro não é sobre mim. É sobre as pessoas incrivelmente inspiradoras e comoventes que eu entrevistei e é sobre você. Eu queria que este livro conversasse com todo mundo — pessoas de todas as idades, de todas as vivências e de todas as religiões —, porque não há um jeito certo de perdoar. Há apenas o seu jeito.

Cada pessoa que entrevistei para este livro me ensinou que precisamos continuar em nosso caminho, lembrou-me de que o perdão é um processo que tem altos e baixos e que nunca devemos julgar a nós mesmos ou aos outros durante o caminho. Torço para que este livro o ajude a se sentir menos sozinho. Torço para que o leia lentamente, talvez uma história de cada vez, pense sobre ela e a visite várias vezes. Foi o que eu fiz ao escrevê-las. O perdão, se feito corretamente, é uma dádiva e, bem-feito, pode operar milagres. O que vem a seguir são histórias de perdão — de nomes que você pode reconhecer; e outros, não. Todas nos ensinam lições valiosas. Minha esperança é que você encontre inspiração nas páginas deste livro para guiá-lo em seu próprio caminho ao perdão.

Elizabeth Smart

Inocência Reivindicada

"O perdão é a resposta ao sonho infantil de um milagre, por meio do qual o que está quebrado é reconstruído, o que está sujo fica limpo de novo."

—*Dag Hammarskjöld*

Em junho de 2002, quando tinha 14 anos, Elizabeth Smart foi sequestrada de seu quarto, em Salt Lake City, Utah. Ela passou nove meses em cativeiro, durante os quais seus sequestradores — marido e mulher — a amarraram, a estupraram diariamente e ameaçaram matar sua família se ela tentasse fugir. Em março de 2003, ela foi resgatada por policiais e devolvida à família. Tal experiência deixaria muitos de nós em um estado permanente de raiva, mas, incrivelmente, não a Elizabeth. Pouco depois de ter sido solta, ela decidiu perdoar seus sequestradores por todas as coisas horríveis que fizeram com ela — e seguir em frente com sua vida.

O perdão não foi instantâneo; foi um processo. Como muitos, Elizabeth cresceu com a ideia de que o perdão era algo simples, algo que ela aprendeu no parquinho: "Quando alguém derrubá-la, você será superior ao dizer 'Tudo bem. Podemos continuar sendo amigos.'" Quando voltou para casa depois de ser resgatada, ela ainda via o perdão dessa maneira. Ela demorou um tempo para perceber que o perdão não é algo que se dá aos outros, mas que se faz para si mesmo — mas sem justificar o que aconteceu com você. As barbáries feitas contra ela não eram justificáveis de nenhuma forma, mas ela descobriu que podia aceitar seu passado a fim de reivindicar seu futuro.

Foi só quando tentava se reacostumar com sua rotina que Elizabeth percebeu que o perdão de sua infância já não lhe servia. Ela entendeu algo crucial: "O perdão não é necessariamente uma via de mão dupla. É algo muito particular, e você não precisa de duas pessoas para que ele aconteça." Ela aprendeu que a essência do perdão é a compaixão: compaixão pela pessoa que a machucou e, mais importante, compaixão por ela mesma. Como ela me disse: "É amar a mim mesma. É me permitir sentir as minhas emoções e lidar com elas. E, se for raiva, sabe de uma coisa? Acho que tudo bem."

Quando Elizabeth voltou para casa, sua mãe lhe disse que ela devia se esforçar para não reviver a experiência. Seus sequestradores já tinham tirado muito dela; permitir que eles continuassem a dominá-la ao reviver seu sequestro lhes daria muito controle. Ela sabia que continuar brava com seus sequestradores não faria diferença nenhuma para eles — não os puniria, nem apagaria o mal que eles causaram. Só a prenderia em seu próprio ciclo de trauma e raiva. Para ela, prender-se à raiva significava que nunca seria completamente feliz: "Eu nunca conseguiria aproveitar a vida." Depois de ter reconhecido o que era importante para ela — reivindicar sua vida —, Elizabeth conseguiu se desapegar dessa raiva.

Apesar de tudo pelo que passou, Elizabeth ainda conseguiu encontrar motivos para ser grata. Ela ressaltou que a maioria dos sequestros são cometidos por pessoas que a vítima conhece. Ela me disse: "Na verdade, eu me sinto sortuda por ter sido sequestrada e abusada por estranhos, porque as pessoas que passaram por algo parecido conheciam seus sequestradores. Para mim, eu não tinha nenhum relacionamento com eles. Eles estavam fora da minha vida, então isso facilitou muito as coisas." Reconhecer tais lampejos de luz em seus momentos mais sombrios a ajudou em sua jornada de superação.

Apesar de Elizabeth ter escolhido um caminho de perdão para seus sequestradores, ela admite que ainda vive momentos difíceis. Ela diz que é normal que sua raiva ou tristeza a dominem às vezes. "Quando você vive esses momentos em que sente que está recaindo em sua raiva ou tristeza", ela me disse, "permita-se ter esses sentimentos e, então, ame-se o bastante para se livrar deles e tentar aceitar sua vida dali em diante." Ela aconselha pessoas em situações parecidas a não terem pressa. Entender e aceitar esses sentimentos são coisas que todos devem fazer no próprio ritmo. Repreender-se por ainda senti-los só dificulta a superação. Elizabeth sugere que a recuperação começa com aceitação: "Aceitar que você está bravo, aceitar que você está magoado, aceitar que algo traumático aconteceu com você. Depois, recomendo que se esforce para se amar. Não pense em perdão nesse momento. Apenas tente começar a se amar. Eu acredito que, conforme o seu amor-próprio crescer, você será capaz de se libertar do que aconteceu."

Para ajudar a fortalecer sua determinação, Elizabeth se cerca de pessoas que a apoiam — seus amigos e, acima de tudo, sua família —, que a ajudaram durante seu processo de perdão e renovaram sua força em seus momentos de fraqueza. Determinar objetivos e contar com essa rede de pessoas positivas a ajudou a permanecer no caminho, especialmente quando sente um "vazio emocional" que, do contrário, poderia fazê-la recuar. "Eu faço tudo o que posso para encher minha vida de emoções positivas, pessoas positivas, atividades positivas."

Cercar-se de amor também significa distanciar-se de pessoas que podem retardá-la. Seus sequestradores não fazem parte de sua recuperação. Como ela explica, "Eu não queria viver minha vida sob o controle dos meus sequestradores, quer eles estivessem parados ao meu lado, quer estivessem a centenas de quilômetros de mim, na cadeia. Não queria viver com medo e não queria sentir que precisava ter medo de tudo e todos". Para Elizabeth, estava claro: prender-se a seus sequestradores só a restringiria, e ela não sacrificaria seu futuro por um passado que não poderia mudar.

Quase um ano depois de ter sido resgatada, perguntaram a Elizabeth se ela havia perdoado seus sequestradores. Ela se lembra vividamente de procurar uma resposta autêntica. "Acho que eu tive uma espécie de epifania sobre o que sentia ser o verdadeiro perdão, e me lembro de ter pensado, 'sim, eu segui em frente. Eu me desapeguei. Eu perdoei.'" Sua epifania foi que o perdão é um ato de amor-próprio. Prender-se a um passado traumático não faz nada além de consumir seu espaço emocional. Ela entendeu que "amar a si mesmo e dar a si mesmo a liberdade de viver sua vida plenamente" é o segredo para seguir em frente. Com sua concepção do que era o perdão, veio "o crescimento e a experiência; ouvir os outros sobreviventes e passar por um processo introspectivo finalmente me permitiu encontrar uma forma de falar sobre isso".

A capacidade de Elizabeth de seguir em frente foi testada novamente com a notícia de que sua sequestradora, que deveria sair da prisão em 2024, seria libertada mais cedo, em setembro de 2018. Apesar de essa ter sido uma época incrivelmente estressante, seu perdão não foi abalado; o amor-próprio que ela se esforçou muito para manter durante os anos aguentou. E o segredo para sua incrível força é o amor-próprio. "Sinto que tenho um bom relacionamento comigo mesma e estou orgulhosa da pessoa que me tornei. Digo, certamente não sou perfeita... Eu definitivamente tenho vários defeitos em que preciso trabalhar. Mas gosto de quem sou."

Quando ouvi, pela primeira vez, Elizabeth falar sobre perdão, eu pensei: "Como ela conseguiu perdoar duas pessoas que lhe causaram tanta dor e mudaram o rumo de sua vida?" Mas ouvir como ela conseguiu deixar de lado os horrores que viveu para focar em sua cura mostrou-me que o perdão começa, primeiramente, com você. Ser gentil consigo mesmo e permitir-se viver inteiramente a vida que merece é o primeiro passo para seguir em frente. A jornada de Elizabeth pela escuridão nos ensina que o perdão é verdadeiramente um ato de amor-próprio.

Chris Williams

A Colisão dos Mundos

"Aquele que não consegue perdoar os outros destrói a ponte sobre a qual ele mesmo deve passar, pois todo homem tem a necessidade de ser perdoado."
—*Edward Herbert, 1º Barão Herbert de Cherbury*

Na noite de 9 de fevereiro de 2007, Chris Williams saiu para comprar a sobremesa com sua esposa e os três filhos mais novos. No espaço de uma hora, sua vida mudaria para sempre. Ao voltarem para casa, Chris lembra-se de ter visto um carro acelerar pela rua, indo em sua direção. Ele tentou desviar, mas foram atingidos pelo outro carro com muita força. Lembra-se de ouvir o som ensurdecedor do impacto. Quando o carro parou, houve um silêncio mortal. Ao olhar para o corpo imóvel de sua esposa no banco do passageiro, ele soube que ela falecera. Com esforço, ele se virou para ver se seus filhos estavam bem no banco de trás. Olhou para seu filho e sua filha, imóveis, e soube naquele instante que eles, também, tinham falecido. Apesar de não conseguir ver seu outro filho, tinha o pressentimento de que ele ficaria bem. Ao voltar-se para a frente do carro, olhou para sua esposa sem vida, grávida. Ele estava entorpecido pelo choque, incapaz de entender o que tinha acontecido. Fechou os olhos, sentindo-se impotente e desesperançado; a dor era inimaginável, e ele desejou morrer também. Então, abriu os olhos e viu o carro que os atingiu. Ele foi abruptamente tomado por uma estranha sensação de paz. Apesar do horror daquele momento, já sabia que perdoaria o outro motorista.

A maioria de nós acharia impossível perdoar alguém que nos tirou tanto, mas Chris sabia que tinha uma escolha a fazer. Ele lembra: "A única coisa que ninguém pode tirar de nós é a capacidade de decidir como reagir a essas situações. Eu seguiria pelo caminho que sabia que não me traria justiça, nem encerramento, nem minha família? No mínimo, era um caminho que envenenaria o que sobrou da minha família com raiva e desejo de vingança. Ou eu poderia decidir me desapegar de tudo isso e escolher me curar de outra forma?"

Assim como Chris tinha sua própria forma de lidar com a tragédia, as pessoas que o cercavam também tinham. Foi muito difícil para sua mãe superar a perda repentina dos netos e da nora. Logo depois do acidente, ele diz que sua mãe não conseguia perdoar. "Ela queria vingança. Sempre que uma audiência de condicional era marcada, ela me queria lá, apesar de eu nunca ir." A mãe de Chris precisou sentir para saber como era não se desapegar. Ela aprendeu que, para ela, recusar-se a perdoar "começa a nos destruir, começa a nos consumir por dentro". Ela finalmente percebeu, "não é para mim, não consigo fazer isso". As pessoas frequentemente se prendem à raiva achando que é isso que curará sua dor. No momento em que percebem que isso apenas as mantêm presas ao trauma, incapazes de se curar, recorrem à única esperança que lhes resta: o perdão. Ser capaz de oferecer compaixão, apesar do sofrimento e da perda, ajudou Chris a superar sua dor. Prender-se à raiva é como manter o ferimento aberto; você nunca lhe dá a chance de sarar.

Escolher o caminho do perdão trouxe paz a Chris e à sua família. Foi o que ajudou a devolver a vida ao jovem homem que dirigia o outro carro. Seu nome era Cameron. Para Chris, o perdão era a única escolha que lhe permitiria retomar sua vida. Ele sabia que buscar vingança o prenderia em um ciclo eterno de raiva e ressentimento. "Seguir um caminho de raiva, ou vingança, ou desejo de retaliar; esse caminho não tem um final feliz. Você pode se sentir bem por um tempo, mas as pessoas não voltam. A dor e a angústia não somem. É um caminho que se alimenta de sua atmosfera de raiva e injustiça."

O perdão não foi fácil. Era um esforço constante. Como Chris descreveu: "Descobri que esse desejo de me desapegar era como uma batalha, minuto a minuto. Eu dizia a mim mesmo, 'se eu conseguir fazer isso por mais cinco minutos, e depois durante os próximos cinco...'. Com o tempo, foi ficando mais fácil. Acabei melhorando minha capacidade de desapegar. É como um atleta melhorar no esporte que pratica." A capacidade de perdoar fica mais fácil com o passar do tempo e você tem a chance de desenvolver o que Chris chama de "seu músculo do perdão".

Chris não vê o perdão como uma obrigação, mas como uma dádiva: "Eu acredito que é a melhor dádiva que podemos dar a nós mesmos. É nossa capacidade de retomar o controle quando passamos por uma situação que parece roubar todas as nossas escolhas. É uma oportunidade de nos sentirmos aliviados quando possivelmente sentimos a dor mais horrível. A pessoa que perdoa acaba recebendo todos os benefícios."

O perdão também ajudou a devolver a vida do motorista do outro carro. Ele diz que sempre quis o melhor para Cameron, o homem que causou o acidente. Surpreendentemente, a saúde e o bem-estar de Cameron sempre foram uma preocupação de Chris, desde o momento em que foram levados ao pronto-socorro. Chris lembra-se de estar no PS e perguntar constantemente sobre Cameron, mesmo quando sentia a própria angústia. "Quando eu ficava bravo ou triste, não queria direcionar esses sentimentos a ele, porque isso o faria voltar à minha vida. O que eu queria era a capacidade de sentir essas emoções, por mais poderosas que fossem, com minha família, com meus amigos e meus entes queridos." Ao desviar a dor de sua causa e direcioná-la ao apoio de sua família e amigos, Chris conseguiu se libertar do trauma e aprofundar os laços com as pessoas que mais amava.

O segredo da incrível capacidade de Chris de perdoar está em um fardo que ele carregou a vida toda — um que ele sabia que Cameron também carregaria. Quando Chris tinha dezesseis anos, ele ia de carro para o trabalho quando atropelou um menino que correu para a rua. O menino foi levado ao hospital. Depois de se prender à vida por vários dias, ele morreu. Apesar de não haver nada que ele pudesse ter feito para evitar o acidente, Chris ficou atormentado com a morte dele desde então. A família do menino foi gentil com Chris depois do acidente, chegando até a escrever uma carta para tentar livrá-lo da culpa. Embora eles tenham sido compreensivos, Chris ainda sentia a culpa de ter tirado uma vida. Décadas depois, quando ele perdeu a própria família, Chris instantaneamente sentiu empatia por Cameron. Ele sabia que ele e Cameron agora teriam o peso de fardos parecidos: Chris carregaria a dor de perder sua esposa e filhos, e Cameron carregaria a culpa de ter interrompido suas vidas. Mas, desde o começo, Chris encontrou conforto na empatia. O fardo que compartilhavam virou um laço entre Chris e Cameron que os ajudou a se curarem ao seguirem em frente.

Chris não queria que o acidente consumisse a vida de Cameron; queria que ele tivesse uma vida cheia de propósitos. Em um de seus encontros, Cameron lhe perguntou: "Depois de tudo o que eu fiz com a sua família, como você consegue me perdoar?" Compreendendo a dor do jovem e querendo que ele seguisse em frente, Chris pediu que Cameron escolhesse uma data, quando teria que se desapegar.

O perdão de Chris foi parcialmente inspirado por sua fé, com a qual ele sempre pôde contar quando precisava ser reconfortado. Ele sabia que sua esposa e filhos estavam no paraíso e permitiu-se guiar pelo que sabia ser o que eles queriam. "A tradição da minha fé é que eles seguem vivos. De certa forma, eu sentia que era observado. E sentia que eles queriam que eu fosse feliz. Quando eu ficava com raiva, minha mulher aparecia do nada e a primeira coisa que ela dizia era 'O que está acontecendo? Por que está triste? Por que está bravo? Nós estamos bem. Siga em frente e seja feliz. Nós vamos nos reencontrar.'" Pensar em sua esposa serviu como um lembrete constante de que escolher perdoar era a única forma como ele conseguiria viver.

Ser capaz de confiar em sua fé permitiu que Chris entendesse algo sobre o acidente que mudou para sempre sua vida. Pensativo, ele disse: "Às vezes, essas tragédias, esses testes que acontecem em nossas vidas, ainda que acidentais... Deus tem um jeito de pegar a tragédia e, com sua graça, transformá-la em algo maravilhoso. E ela então se transforma no alicerce de uma experiência fundamental em nossas vidas que nos leva a coisas melhores."

Para a maioria de nós, o processo do perdão pode parecer impossível no momento em que mais precisamos. Alguns demoram meses para perdoar; outros, anos; e há quem nunca consiga perdoar. Quando perguntei a Chris se ele tinha algum conselho para as pessoas que sentem que nunca conseguirão perdoar, ele disse: "Eu peço que lembrem de se permitir crescer. Não tem problema permitir-se fazer essa jornada. Não espere já estar no destino. Não espere entender o perdão imediatamente." Essa permissão deu a Chris a chance de ajudar seus filhos no caminho ao perdão. Como ele me disse: "Acho que eles são gratos pelo fato de que eu estava presente durante a jornada, sem esperar que eles chegassem ao destino imediatamente, nem que fossem perfeitos." Todos chegam ao perdão de seu próprio jeito e no próprio tempo. Precisamos ser delicados com nós mesmos e gentis com os outros. Todos têm momentos em que precisam de apoio — momentos em que se sentem mais sozinhos.

Chris diz que, para ele, o perdão é uma prática. "É uma maneira de viver que diz 'eu vou retomar o controle das minhas escolhas, independente do que os outros possam fazer ou dizer.' É algo que precisamos praticar todos os dias para que possamos ser autênticos." Foi a fé de Chris no poder do perdão que o sustentou durante uma tragédia inimaginável e o fez retomar o caminho à esperança.

A extraordinária história de Chris me ensinou uma poderosa lição sobre o perdão: a dor que carregamos de ferimentos antigos pode nos abrir para a dor dos outros. Nossos erros passados podem nos deixar mais empáticos, e perdas antigas podem nos deixar mais compreensivos. Nossas lutas nos lembram de nossa humanidade e nos tornam capazes de atos transcendentais de gentileza com os outros e com nós mesmos.

Sarah Klein

Tocada pela Maldade

"O perdão nada tem a ver com o erro do outro; não importa o quanto sejam maldosos, cruéis, narcisistas ou impenitentes. Quando perdoamos alguém, quebramos o que nos liga às suas más ações que nos angustiam."

—*Bryant McGill*

Sarah Klein cresceu em um pequeno subúrbio em Lansing, Michigan, conhecido por sua paixão pela faculdade pública, a Universidade Estadual do Michigan. Quando Sarah tinha cinco anos, seu vizinho a convidou para ir a uma aula de ginástica. Ela se apaixonou pelo esporte imediatamente. Sua mãe a matriculou nas aulas e, graças ao seu talento natural, Sarah progrediu rapidamente. Ela logo foi convidada a fazer o teste para o time competitivo. Quando ela tinha apenas oito anos, um aspirante ao curso de medicina chamado Larry Nassar se juntou à academia como voluntário para conseguir a experiência necessária à sua inscrição na faculdade de medicina. Para Sarah e suas colegas de time, Larry era uma presença segura e amável na academia. Isso quando comparado a John Geddert, o técnico, que Sarah descreve como "um narcisista abusivo que não permitia que nada o impedisse de ganhar". Uma vez, quando ela vomitou depois de um treino particularmente pesado, o técnico Geddert esfregou o rosto de Sarah no vômito enquanto a abusava verbalmente. Perto das práticas brutais do técnico, Sarah e suas colegas viam Larry como a pessoa "mais legal, boba e despretensiosa" na academia, que "estava sempre sorrindo e sempre era simpático".

Larry montou seu consultório em uma sala abandonada no fundo da academia e começou a cuidar de Sarah sempre que ela se machucava. Ele era muito convincente e, por ter trabalhado com as meninas desde cedo, seus tratamentos perversos foram normalizados. Ele criou um ambiente acolhedor e terno para suas pacientes, tanto que Sarah se lembra: "Nós sempre ficávamos felizes de ir ao consultório por causa das coisas que John fazia conosco na academia. Larry era tão legal e amoroso. Ele se estabeleceu como um protetor contra John." Ele fazia o papel de herói para as meninas de quem cuidava, então, elas ficavam aliviadas quando precisavam procurá-lo. Elas ficavam gratas por qualquer chance de se afastar do técnico.

Nos anos em que Sarah praticou ginástica competitiva, ela procurava Larry para tratar de qualquer problema e acabou ficando próxima dele. Durante esses dez anos, ela se lembra de "ter sofrido penetrações vaginais e anais, de três a quatro vezes por semana, toda semana, desde a minha infância até minha maioridade". Durante os tratamentos, ele usava apenas as mãos no corpo dela, mas, por seu comportamento ter sido normalizado, Sarah nunca percebeu que o que ela vivia era, de fato, abuso sexual — e profundamente errado. Sarah se mudou para a cidade de Nova York quando se formou no ensino médio e, depois, foi cursar Direito em Minnesota; ainda assim, sempre que ia a Michigan, ela se consultava com Larry na clínica de medicina esportiva da Universidade Estadual do Michigan. Afinal, eles eram amigos e "a academia era minha família". Os tratamentos frequentemente envolviam exames físicos completos. Sarah lembra que alguns dos tratamentos eram legítimos e, por isso, era muito mais difícil reconhecer o abuso sexual. Ela diz: "Larry fazia o que muitos médicos 'de verdade' fazem, o que deixava tudo mais confuso. Nós passávamos mais tempo na academia do que em qualquer outro lugar e, juntas, vivemos situações de muita pressão e muito estresse." Sarah desenvolveu um carinho por Larry, com quem se sentia segura e cuidada. Ele a acompanhava em todas as suas consultas médicas e ela foi ao casamento dele — para você ver como eram próximos. Mas essa proximidade era uma mentira que escondia os abusos.

Sarah tinha 25 anos quando seus pais mudaram de cidade e ela viu Larry pela última vez. Lembra-se de ter sentido "como se algo dentro de mim não estivesse certo". Ela começou a trabalhar em uma escola e sentia falta de estímulos em sua vida. "Eu estava cada vez menos produtiva", ela diz. "E me isolei. Ia trabalhar e voltava direto para casa. Raramente socializava e tinha poucos relacionamentos que funcionavam." Sarah tentava entender, mas não conseguia. Ela se lembra de ter se contentado com sentir que talvez fosse uma daquelas pessoas que não deveriam estar vivas. Ela finalmente fez terapia para descobrir o porquê de se sentir tão perdida — por que vivia em estado permanente de dor emocional, ansiedade e depressão. Lá, ela refletiu sobre os anos como ginasta e o impacto do ambiente duro e negativo a que foi exposta, mas nada apontava para sua experiência com Larry. "Nos meus 20, 30 anos, eu ainda descrevia Larry como uma parte boa daquelas lembranças."

Mas o corpo de Sarah começou a apresentar problemas quando ela tinha 30 anos. Ela sentia cólicas pélvicas e náuseas tão fortes que não conseguia segurar nada no estômago. Ia constantemente ao hospital, mas ninguém conseguia ajudá-la. Por fim, ela foi diagnosticada com um cisto no ovário e endometriose. Quando Sarah começou a pesquisar seu diagnóstico, ela descobriu a gravidade da doença e a ligação com a infertilidade. Ficou particularmente preocupada, já que esperava ser mãe algum dia. Ela se consultou com um especialista em Atlanta, que lhe disse que cirurgia era a melhor opção. Quando ela voltou da anestesia, o médico contou que, em seus 20 anos de prática, ele nunca tinha visto um quadro de endometriose tão grave quanto o dela. Ele disse "Sua bexiga, seu intestino, seus ovários, seu reto, a parede pélvica lateral, seus ligamentos... toda a anatomia da sua pélvis estava fundida." Sarah precisou remover a maior parte de seus ovários, sobrando apenas 10% de um deles. Depois de fazer uma pesquisa extensa sobre endometriose, ela descobriu que a doença é frequentemente causada por traumas na infância, especialmente abuso sexual.

Depois de várias cirurgias pélvicas, Sarah conseguiu engravidar e agora tem uma filha linda. Sobre sua filha, ela diz "Quando falamos sobre perdão e o processo de cura, ela é a maior parte disso para mim."

Quando uma matéria de 2016 foi publicada no jornal *IndyStar*, na qual uma antiga ginasta se manifestou, acusando Nassar de abuso sexual, Sarah ficou chocada. Ela diz que "Foi como ser atropelada por um trem. Eu nem sabia o que pensar. Perceber que fui abusada durante tantos anos por alguém que eu amava tanto foi demais para mim." Sarah demorou muito tempo para entender a extensão do abuso que ela e as outras garotas sofreram nas mãos de Larry Nassar. Descobrir que o seu abuso "foi o que durou mais tempo e um dos mais frequentes por semana" foi ainda mais difícil.

Por ter passado a maior parte de sua vida no mundo da ginástica, Sarah sabia que falar contra os membros mais importantes era muito desencorajado. "O mundo da ginástica é como a máfia." Ela lembra-se de ter feito um comentário negativo sobre seu antigo técnico e ter sido duramente criticada pelos membros da academia e seus pais, que não conseguiam ver a coragem necessária para se manifestar. Muitas garotas sentiam que o tratamento duro que receberam de seu técnico foi o que contribuiu para seu sucesso como ginastas competitivas; elas sentiam que "ele fez isso por amor a nós." Foi, como Sarah diz, um tipo de "síndrome de Estocolmo".

Sarah compareceu à audiência criminal de Nassar em janeiro de 2018 e disse que "me deixou mais forte, mas também partiu meu coração". Ela se sentiu em conflito durante o julgamento ao ver um homem que conhecera tão bem e amara tanto parecer tão frágil e velho depois de ter destruído tantas vidas.

Quando Sarah terminou de dar seu depoimento, o advogado de Larry a chamou para lhe dizer que foi "o depoimento mais impactante, mais bem-feito, forte e desolador" que ele já tinha ouvido. Enquanto Sarah dava seu depoimento, Larry apenas a observava, balançava a cabeça e chorava.

Depois do julgamento, Sarah recebeu convites para participar de entrevistas sobre o abuso sexual que sofreu nas mãos de Larry Nassar. Sabendo da importância de ser um exemplo para sua filha, ela concordou em ceder uma entrevista como sua história de redenção. Depois, os representantes do *Excellence in Sport Performance Yearly Award* (Prêmio Anual de Excelência em Desempenho Esportivo, em tradução livre), o ESPY, convidaram-na a aceitar o Prêmio Arthur Ashe de Coragem em nome de todas as sobreviventes que foram sexualmente abusadas por Larry.

Hoje, Sarah frequentemente ouve a pergunta: "Como você não sabia que estava sendo sexualmente abusada?" Ela responde: "As pessoas que sofrem lavagem cerebral em um culto veem o que realmente está acontecendo no momento? Normalmente, não. E some a isso o fato de ser uma criança que não tem nenhuma referência do que é normal." O processo de cura de Sarah acontece até hoje. "Posso parecer bem-resolvida, mas é um processo. E requer cuidados diários." Aceitar o abuso e sua fertilidade comprometida desencadeou uma raiva em Sarah que às vezes ainda se faz notar.

Foi só depois de Sarah ter dado seu depoimento no tribunal, na frente de Larry e de todo mundo, que seu processo de cura começou. "Acho que o processo do perdão só começou para mim depois da sentença. Alguém me aconselhou a levar a menina que fui aos oito anos à tribuna e falar por ela — devolver a ela a voz que lhe foi roubada. Eu estava, e ainda estou, de coração partido por aquela garotinha." Ela sentiu uma mudança acontecer naquele dia no tribunal. "Entrei como uma garotinha perturbada, assustada e temerosa. Saí uma mulher. Eu me recuperei; recuperei meu poder." Ela percebeu que, ao dar seu depoimento, se livrou do fardo da vergonha e raiva que carregava havia tanto tempo. Perdoar Larry finalmente permitiu que Sarah ficasse presente e ativa em sua vida adulta.

A jornada de Sarah rumo ao perdão deu a ela a oportunidade de virar um exemplo para as mulheres de todas as idades que viveram abusos parecidos. Sarah quer que outras sobreviventes, e sua filha, tomem-na como uma guia. Ela agora entende que "se pudermos ter paz com o que aconteceu, podemos ajudar mais pessoas. Quanto mais eu me livrar dele, mais vidas posso salvar e mais paz terei em minha alma, em minha psique". Sarah acrescenta: "Quanto mais eu perdoo, mais sinto que não estou em uma prisão emocional. Larry é quem está na prisão. Eu o perdoo sabendo que ele nunca mais vai machucar a mim ou a qualquer outra pessoa pelo resto da vida. Perdoá-lo me dá a liberdade de alcançar meu potencial enquanto mulher, advogada e mãe."

Apesar de Sarah ter perdoado Larry, ela não deseja permitir que ele volte à sua vida. "Acho que parte do perdão é seguir em frente e ser capaz de se sentir um pouco mais leve ao começar o próximo capítulo de sua vida. E, se eu guardasse raiva e ressentimento, e condenasse Larry às profundezas do inferno, não seria uma pessoa melhor. Então, me libertei e aprendi a distinção entre perdoar e reconciliar. Perdoar alguém não significa que você precisa se reconciliar com essa pessoa e permitir que ela volte à sua vida. Você pode perdoá-la e ainda não ter consideração por ela. E essa distinção me ajuda a perdoar também." Sarah diz que o perdoou pelo abuso porque "eu tenho que perdoar, eu preciso me libertar dele".

Pensando em sua jornada, Sarah é grata pelas lições que aprendeu e pela sabedoria que ganhou. "Acho que chegar àquele ponto em que sou grata por ter tido minhas dificuldades no começo da vida é uma parte do processo também. Porque agora eu sei do que sou capaz. E sou realmente grata por isso."

A história de Sarah traz esperança a todos que foram abusados por alguém em quem confiavam. Nada pode apagar os atos do passado, mas como seguimos em frente é nossa escolha. Ela conseguiu chegar a um momento em que se libertou do trauma, tirando compaixão de seu sofrimento e força de sua vulnerabilidade. A jornada de Sarah me ensinou que o perdão nem sempre exige reconciliação — que reparar o relacionamento não é necessário, pode nem mesmo ser apropriado, para seguir com sua vida.

Polly Sheppard

Confiante na Casa de Deus

"Quando não perdoamos, não estamos magoando a outra pessoa. Não magoamos quem errou conosco. Magoamos apenas a nós mesmos."

—*Joel Osteen*

Na noite de 17 de junho de 2015, Polly Sheppard compareceu ao encontro do seu grupo de estudos bíblicos na Igreja Metodista Episcopal Africana Emanuel, em Charleston, Carolina do Sul. Já no fim do encontro, seu grupo levantou-se para a bênção. Enquanto oravam de olhos fechados, o novo membro do grupo, Dylann Roof, abriu fogo, tirando a vida de nove membros da igreja. A vida de Polly foi poupada, mas seus amigos mais próximos não tiveram tanta sorte.

O tiroteio foi sem sentido, motivado por um único fato detestável: o atirador era branco; e as vítimas, afro-americanas. Sobreviver a um tiroteio e perder os amigos mais próximos encheria a maioria das pessoas de raiva, mas

Polly Sheppard procura nas lições da Bíblia a ajuda de que precisa para seguir em frente e viver em um estado de perdão. "A Bíblia diz que se você quer o perdão para si mesmo, deve perdoar aos outros. Cristo morreu na cruz por esse perdão. Ele perdoou as pessoas que o penduraram na cruz. Ele disse 'Pai, perdoa-lhes, porque não sabem o que fazem.'" Para Polly, a tristeza devastadora por ter perdido tantos membros da igreja foi o maior desafio. "Você precisa passar por algumas etapas para chegar ao perdão. Só sei que ele chegará, às vezes na calada da noite, quando você está ouvindo aquela voz baixa que conversa com você e o guia pelo que está passando."

Essa "voz baixa" vem de sua fé profunda e de seu relacionamento próximo com Deus. Sempre que Polly tem momentos de tristeza ou momentos em que o sentimento do perdão é incerto, é a suave voz de Deus que a guia. Quando sente que sua fé é testada, ela escolhe orar pelos outros e por si mesma, pedindo a sabedoria para sair daquela situação ainda mais forte. Para Polly, a etapa da tristeza logo depois daquele evento horrível foi o único momento em que o perdão lhe faltou. Mas, quando viu uma amiga lidando com a perda do filho e aceitando a ideologia do perdão, Polly percebeu que ela, também, podia seguir em frente. Inspirada pela compaixão de sua amiga, ela entendeu que precisava perdoar Roof para conseguir se curar.

Polly entendeu que perdoar Dylann Roof era o segredo para sua própria salvação. Mas esse entendimento não foi imediato. Ele chegou depois de "ficar sentada, sem conseguir perdoá-lo. Quem eu estava magoando? Apenas a mim mesma." Ela sabia que Roof não sentia remorso nem remoía as ações terríveis que cometera. Roof conseguiu seguir em frente, livre do fardo de seu crime, enquanto Polly prendia-se à tristeza, paralisada por sua dor. Se ela nutrisse a dor, sabia que machucaria apenas a si mesma. Então, ela confiou nas lições que aprendeu durante a vida, como parte de uma família grande e religiosa; lições que inevitavelmente a guiaram à aceitação do perdão. Polly acreditava que sua fé em Deus permitiria que ela superasse todo e qualquer desafio à sua frente.

Como Polly me disse, houve momentos em seu passado em que ela não perdoou tão rápido, momentos em que ela se prendeu à raiva. Ela vê essa relutância em se livrar da raiva como uma parte natural do processo de cura: "O perdão vem em etapas, e sentir que o perdão é impossível é uma dessas etapas." Nas primeiras etapas, manter a raiva viva pode ser a forma de uma pessoa entender o que aconteceu. Mas quando você se permite falar sobre a situação, pode descobrir que o perdão é a melhor opção. Polly lembra-se de uma vez em que conversou com um judeu mais velho, que contou que não se dava bem com os filhos. Ele reclamou de que todos os seus filhos eram decepcionantes — nenhum deles gostava de trabalhar — e então começou a criticar Hitler por todos os seus atos imperdoáveis. Polly percebeu que o homem estava preso em um ciclo de amargura, então, lhe disse "Bem, Hitler está morto. Os vermes já comeram seu corpo. Você vai continuar a permitir que um morto controle sua liberdade e seus pensamentos? Em algum momento você terá de perdoá-lo." O homem ficou surpreso com a resposta franca de Polly, percebendo pela primeira vez como eventos trágicos tão longínquos tinham moldado sua forma de pensar. O homem lhe disse que ia ligar para os filhos e perdoá-los. Já Hitler, entretanto, ele não conseguia perdoar. Quando se trata de perdão, Polly disse: "Nós chegamos a ele em diferentes momentos. Todos perdoamos de formas diferentes, e algumas pessoas podem nunca perdoar. É a forma que encontraram de lidar com as coisas."

Para Polly, perdoar Dylann Roof demorou três semanas. Ela não o olha com raiva no coração, da forma que a maioria das pessoas acha que acontece. Ela diz: "Eu acho que ele é uma alma perdida. Às vezes queria poder conversar com ele e entender o que se passa em sua cabeça. Ele disse por que fez o que fez, mas eu queria poder sentar e conversar com ele." Ela lembra-se de ter ouvido que, quando Dylann foi interrogado pelo FBI, ele lhes disse que quase desistiu de seu plano homicida devido à gentileza com que os membros da igreja o trataram. Polly lembra: "Quando ele chegou em mim, me mandou calar a boca, porque não ia atirar em mim. Ele deixaria que eu contasse a história." Ela costumava questionar por que foi poupada quando tantos foram mortos. Durante as audiências, Polly finalmente teve sua resposta. Dylann disse à corte: "Ela estava me olhando, por isso não consegui atirar nela."

Hoje, Polly vive livre do fardo da amargura e pensa em Roof com empatia e compaixão. "Eu sentia pena daquele jovem, porque ele tinha vinte e um anos e era uma alma perdida. Ele precisa aceitar Cristo e arrepender-se do que fez. E, se Deus o perdoar, ele ficará bem. Na verdade, ele irá para o outro lado." Polly acredita que, dada a oportunidade, ela poderia ajudar Dylann a reconhecer a humanidade que compartilham. Como ela diz, "Se eu sentasse na frente dele, poderia ajudá-lo a pensar de um jeito diferente." Ela tem esperanças de que ele a ouviria e de que um dia ele conseguirá se desculpar pelas vidas que tirou naquela igreja. Falando de sua escolha de seguir o caminho do perdão, Polly comenta: "Você acha que está salvando outra pessoa, mas está se salvando. Porque, se você não perdoar, não vai se curar."

Naquele dia, Polly perdeu amigos próximos — amigos que eram sua família. Ela poderia ter se perdido na amargura, mas, em vez disso, buscou em sua fé uma forma de entender Dylann Roof. Muitos que cresceram em casas de adoração aprenderam a importância do perdão, mas isso não garante que serão capazes de abandonar o ódio, especialmente depois de um incidente tão horrível. Mas a fé de Polly é profunda e forte, e foi o que permitiu que ela tivesse compaixão pelo atirador, apesar de tudo o que ele tirou dela.

A história de Polly mostra o poder da compaixão, mesmo diante do ódio cego. Ela poderia ter retribuído o ódio com mais ódio e carregado sua amargura até o fim. Ninguém a culparia. Em vez disso, seu coração permaneceu aberto. Eu fiquei particularmente emocionada quando Polly disse desejar poder conversar com Dylann. Mesmo depois de tudo o que ele fez, ela ainda querer ter uma conversa com ele mostrou-me que olhar além de ações inimagináveis — talvez até imperdoáveis — de uma pessoa para oferecer ajuda ou uma conversa pode fazer toda a diferença do mundo para alguém que está sofrendo. Apesar de Polly não estar em uma posição para fazer isso antes da tragédia na Igreja Metodista Episcopal Africana Emanuel, viver cada dia com o coração aberto e compaixão pelos outros é o mais importante, quer encontremos a força para tanto em nossa fé ou em outro lugar.

Christy Little Jones

Reencontrando a Confiança Quando os Votos São Testados

"Não há amor sem perdão, e não há perdão sem amor."

—*Bryant McGill*

Christy Little Jones sempre soube que o casamento e a família seriam o centro de sua vida. Quando garota, ela sonhava com seu futuro marido e a felicidade que teria por ser sua esposa. Anos mais tarde, seu sonho seria testado e provaria ser muito mais desafiador do que ela poderia esperar.

Quando Christy conheceu Adrian, ele "literalmente me deixou nas nuvens". Ela apaixonou-se perdidamente por Adrian e "sentia-me protegida e segura, como se ele tivesse um plano para nossa vida, nossa família e nosso casamento". Era diferente de tudo o que Christy já tinha vivido; ela sabia que eles passariam o resto da vida juntos. A vida de

A DÁDIVA DO PERDÃO

conto de fadas começara; eles estavam perdidamente apaixonados. Casaram-se e tiveram três filhos em poucos anos.

Em 2005, Christy e Adrian começaram um ministério de matrimônio na igreja. Como casal, eles guiavam outros casais em aulas pré-conjugais — aulas para lhes apresentar o processo do noivado e prepará-los para o que estava por vir no casamento. Christy e Adrian também ajudavam casais a manter a união íntegra. Ela diz: "Meu propósito de vida era mesmo ser uma defensora do matrimônio, da família e da intimidade que eu realmente acreditava que o casamento deveria ter." Eles eram o casal perfeito e ajudavam outros casais a superarem as dificuldades para que seus casamentos continuassem intactos.

Os aconselhamentos e o próprio relacionamento de Christy e Adrian pareciam ir bem, até o dia em que Christy recebeu um e-mail de uma seguidora de seu blog. O e-mail era de uma jovem que sabia da paixão que Christy tinha pelo próprio relacionamento e pelo relacionamento de todos à sua volta. Em seu e-mail, a mulher detalhava sua última experiência em um voo com Adrian, que viajava com outra mulher e enchia-a de carinhos por toda a viagem. A mulher disse saber o quanto Christy defendia a instituição do casamento e o quanto ela acreditava no amor, então, escrever aquele e-mail era difícil, mas necessário. Christy ligou para Adrian e questionou o conteúdo do e-mail. Ele logo negou as acusações, mas ela notou uma mudança em seu comportamento. Mesmo assim, decidiu deixar o assunto de lado. Algumas semanas depois, Christy recebeu um e-mail de outra desconhecida, que dizia "Oi, Christy. Eu sei que você não me conhece, mas não estou mais namorando o seu marido."

O maior pesadelo de Christy se tornara realidade. Ela releu o e-mail e, então, sentou-se à mesa e ligou para Adrian. Ele negou conhecer a mulher, ficou bravo e na defensiva, antes de desligar. Momentos depois, Adrian retornou à ligação e, chorando, confessou ter tido um caso. Ele contou ter percebido que tinha ido longe demais quando a mulher admitiu estar apaixonada por ele, e logo terminou o relacionamento.

Christy ligou para seu pastor e pediu ajuda. Quando se sentou com ele, ela disse ter sido como encarar um pai decepcionado; o pastor estava muito envolvido em seu casamento e ficou magoado ao saber da infidelidade de Adrian. Christy sabia que queria cercar seu casamento com pessoas que "nos apoiariam e nos protegeriam durante esse momento de cura". Ela e o marido começaram o processo de cura ao lado do pastor e concentraram-se em conversar. Quando voltaram para casa depois da primeira sessão, Christy fez o inimaginável. "Eu literalmente disse para ele que o perdoava e, quando falei isso, ele caiu e começou a chorar; ele berrava e chorava."

Por ser filha de pais divorciados e por conhecer a devastação que isso tinha causado, Christy sabia que esse não era um caminho que ela queria tomar para o próprio casamento. Não era o legado que queria deixar para os filhos.

Christy acreditava que a dor do divórcio "pode ser geracional se você não a interromper". Apesar de o divórcio poder ter sido o caminho mais fácil, era importante para Christy que eles tentassem fazer o casamento funcionar. Eles estavam de acordo: queriam lutar pelo relacionamento e lutariam juntos. Ela queria que o marido soubesse: "Eu o amo. É isso que eu quero. Vamos lutar." Christy também disse: "Sou uma mulher de fé inabalável e por isso acreditei que Deus curaria meu casamento."

Alguns dias depois de descobrir o caso de seu marido, Christy recebeu um e-mail de um casal que pedia aconselhamento para o casamento. Ela sentia que precisava focar no próprio relacionamento, então, disse a eles que poderia indicar outra pessoa. O casal a informou que viu a foto de Adrian em um site de traição, listado como o "traidor da semana", e um link. Nas horas seguintes, sua caixa de entrada começou ficar cheia de e-mails de mulheres preocupadas, porque elas, também, tinham visto seu marido no site. Christy visitou o site e viu que a imagem de seu marido já tinha 180 mil visualizações, e o número continuava a crescer. Por fim, a imagem foi removida.

Apesar da exposição, Christy ateve-se ao processo de cura que tinha iniciado no momento em que disse perdoar seu marido. Ver Adrian desmoronar mostrou a Christy que "quando as pessoas fazem algo assim, elas também se magoam. Não é apenas a vítima que fica magoada ou ferida; a pessoa que trai também fica magoada". Adrian carregava não apenas a culpa do que tinha feito à sua esposa, mas também à sua família. Ele dizia "Eu não consigo nem me olhar no espelho." Christy sabia que seu marido precisava de seu amor e apoio; e ela, do dele.

Durante a jornada de Christy, Adrian estava ao seu lado enquanto ela tentava perdoá-lo. Quando eles tinham dias difíceis, dias em que Christy queria questionar Adrian sobre seu caso, ele respondia, não importava quantas vezes ela fizesse a mesma pergunta. Ela tinha momentos "em que eu ficava brava e queria quebrar todos os ossos de seu rosto. Queria ter a satisfação de machucá-lo tanto quanto ele me machucou". Ela contava a seu marido sobre esses sentimentos e emoções, e ele ouvia e aceitava sua raiva.

Em seus aconselhamentos, Christy tivera experiência com casamentos que passavam por dificuldades. Ela passou a reconhecer os cinco estágios da reconciliação: primeiro, o choque, seguido por raiva, depois a tristeza, então a aceitação e, por fim, o perdão e a cura. "Você precisa sair do ciclo, e o único jeito de fazer isso é perdoando. E a maioria das pessoas não sabe perdoar." Ao perdoar alguém verdadeiramente, você as presenteia, completamente e sem ressalvas. Christy diz para imaginar a dádiva do perdão como um presente enorme, cheio de laços bonitos. Algumas pessoas entregam o presente, mas não se desapegam — ficando presas a seu ressentimento. Quando você consegue entregar esse lindo presente e se desapegar — sem esperar nada em retorno —, é *aí* que você realmente deu o presente do perdão.

Enquanto Christy esforçava-se para se libertar de sua raiva, Adrian fazia a própria jornada. Para ele, o processo envolveu reconhecer o que era mais importante. Como Christy diz, "Era um assunto difícil para ele, e ele precisou entendê-lo e aceitá-lo para conseguir reconhecer o valor de seu casamento e de sua família." O processo teve seus altos e baixos. "Nós chorávamos quando era difícil. Rezávamos quando era difícil. Comemorávamos quando o dia era fácil, e ficamos muito conectados e próximos. A sensação foi realmente a de que o peso da infidelidade foi erguido em doze semanas."

Depois de três meses de introspecção, Christy sentiu que finalmente chegara ao perdão. Ela e Adrian podiam começar um novo capítulo em suas vidas, trabalhando juntos para reencontrar a confiança perdida. Passar pelas dificuldades da traição de seu marido causou uma mudança à intimidade e à comunicação do casamento. No começo, Christy via-se como uma vítima; mas, durante o processo do perdão, ela descobriu uma riqueza de empatia e compaixão por Adrian enquanto ele lutava para perdoar a si mesmo. "Algo tão doloroso e tão difícil para nós dois foi realmente uma bênção, porque nos ajudou a nos conectarmos emocionalmente. O mais bonito nisso tudo é que eu acredito mesmo que tudo acontece por um motivo." Não foi fácil, mas ela está em paz por saber que ouviu ao próprio coração, lutou para reconstruir seu casamento e, por fim, chegou a um lugar de amor, confiança e comprometimento. No fim do processo de cura e reconstrução, Adrian e Christy decidiram dedicar-se um ao outro e ao casamento. Hoje, eles são mais felizes do que nunca.

A história de Christy me emocionou profundamente. No começo, fiquei surpresa com a rapidez com que ela conseguiu dizer a seu marido que o perdoava. Depois de conversar com ela, acredito que, ao dizer a Adrian que ele estava perdoado, Christy afirmava sua intenção; o perdão completo demorou anos. Ao ouvir o quanto ela se importou com seu marido durante o processo de cura, fui obrigada a ver a traição de um jeito diferente. Quando a pessoa que se perde está verdadeiramente arrependida, ela também sofre, e pode ser mais difícil para ela se perdoar do que é para seu parceiro livrar-se da culpa. Toda traição é única, e nossas reações são apenas nossas. Mas as escolhas de Christy nos mostram que — com um parceiro comprometido — perdoar pode ser uma maneira de fortalecer um relacionamento que seria abandonado.

Immaculée Ilibagiza

Curando os Ferimentos de Guerra

"Nada é mais generoso e amoroso do que a vontade
de aceitar a dor a fim de perdoar."

—*Brené Brown*

Em 6 de abril de 1994, o avião que levava o presidente
de Ruanda, Juvénal Habyarimana, foi abatido, incitando a violência generalizada pelo país entre os dois principais grupos étnicos: o majoritário hutus e a minoria tutsis. Em poucas horas, começou o massacre dos tutsis, que
foi planejado antes do assassinato do presidente, levando à
morte mais de 1 milhão de ruandeses — em sua maioria,
tutsis — em um período de 100 dias.

A tensão entre os dois grupos étnicos existia havia décadas, exacerbada pelas políticas implementadas pelos belgas durante o período colonial. Com a morte do presidente Habyarimana, um grupo de elite extremista dos hutus
declarou sua intenção de matar todos que pertencessem
à tribo tutsi. Quase instantaneamente, a Frente Patriótica

A DÁDIVA DO PERDÃO

de Ruanda (RPF, na sigla em inglês), um exército rebelde dos tutsis, entrou no país pela fronteira com Uganda para ajudar a tribo. Em três meses, a RPF conseguiu forçar o governo dominado por hutus ao exílio, junto dos autores mais vulgares do genocídio. Ainda assim, muitos hutus permaneciam no país.

Quando as mortes terminaram, o país estava devastado. O governo ficou com um legado horrível; tantas pessoas participaram do genocídio que seria impossível processar todas elas.

Em julho de 1994, um novo governo tomou posse. O pastor Bizimungu, um hutu moderado, virou o novo presidente do país, e Paul Kagame, um tutsi e ex-comandante da RPF, virou o vice-presidente e ministro da defesa. Em 2000, Kagame foi eleito presidente.

O governo tinha a tarefa de dar justiça às vítimas desse crime terrível. Os líderes do genocídio foram expulsos, presos ou mortos. Mas, para os milhares de hutus que cooperaram — por vontade própria ou por coerção —, o encarceramento era impossível. Então, Kagame pediu ao povo de Ruanda que fizesse a única coisa que poderia reunir o país separado: que os perdoasse.

Considerando as proporções dos assassinatos e a devastação que os tutsis sofreram, era um pedido quase cruel, mas foi o que Kagame pediu. Ele percebeu que a única forma de o país seguir em frente, unido, era perdoar e recomeçar. Reuniões foram organizadas em todas as cidades e vilarejos do país. Nessas reuniões, os aldeões sentavam-se para ouvir as vítimas e os agressores. As vítimas que conseguiram sobreviver podiam falar sobre o que tinham vivido e sobre a perda da família e dos amigos, enquanto as pessoas que participaram dos assassinatos ouviam e, depois, pediam perdão. Embora não fossem todos que concordassem com essa forma de tocar o país, a maioria obedeceu.

Immaculée Ilibagiza foi uma das sobreviventes — uma das incontáveis vítimas convocadas para perdoar crimes que a maioria de nós nem sequer consegue imaginar. Quando o genocídio em Ruanda começou, Immaculée estava em casa, de férias da escola. Seu irmão a acordou com a notícia da morte do presidente. Ela lembra-se de ouvir as notícias no rádio e pressentir que algo catastrófico estava prestes a acontecer.

Naquela manhã, Immaculée lembra-se de seu pai ter lhe dado um rosário e mandar que ela fosse para a casa do vizinho, um pastor, por segurança. Ao deixar a família para trás, ela pressentiu que nunca mais os veria. Seu pai era amado por muitos e sempre lhe disse para não julgar os outros. Immaculée está viva hoje graças ao pedido altruísta de seu pai para que fugisse. Ela lembra-se de ter chegado à casa do vizinho e ser orientada a se esconder no banheiro. Sem conseguir falar nem chorar, ela ficou naquele banheiro pelos 90 dias que se seguiram.

Sentada naquele banheiro com outras sete mulheres, ela ouvia no rádio sobre as mortes que aconteciam além daquelas quatro paredes. Immaculée lembra-se dos primeiros dias escondida — a sensação de desesperança, perder a fé de que sairia viva. "Eu senti tanta raiva que não conseguia nem rezar", lembra. Foi então que ouviu um grupo de homens hutu dentro da casa, procurando qualquer tutsi que estivesse escondido. Ela lembra-se de ter pedido a Deus, naquele momento, para que restaurasse sua fé n'Ele. Ao ouvir os homens em frente à porta do banheiro, ela soube que era apenas uma questão de tempo até que eles as encontrassem e todas fossem mortas. Ela fechou os olhos e disse "Por favor, Deus — hoje não." Então, disse: "Se existe um Deus e a presença d'Ele for real, por favor, não me mate hoje." Por algum tempo antes daquele momento, ela duvidou da existência de Deus, mas naquele dia ela orou e quis muito acreditar. Os homens vasculharam a casa toda e, quando chegaram à porta do banheiro, pararam, viraram-se para o dono da casa e disseram que confiavam nele. Eles encerraram as buscas e foram embora. A partir daquele momento, a fé de Immaculée em Deus foi restaurada.

Sentada naquele banheiro, ela pensou nos sentimentos das mulheres ao seu redor e nas pessoas que estavam cometendo assassinato. Pensou em sua família, cujas vidas ela temia terem sido tiradas. Sentiu raiva e ódio — ódio por estar presa em um banheiro, pelo estado de Ruanda e pela perda causada a tantos. Passou momentos amargurados tentando convencer a Deus de que ela tinha o direito de estar brava, o direito de sentir fúria. Começou a rezar e a conversar com Deus de uma forma aberta e honesta. Sentiu raiva por perder a família. Em retrospecto, ela agora vê que "a raiva é um obstáculo".

Naquela época, Immaculée planejou o que faria para se vingar ao sair do esconderijo; a maior parte desse plano envolvia atos de violência pela profunda raiva que sentia. Enquanto imaginava a violência que usaria contra os assassinos, ela percebeu, abruptamente, que esse tipo de ódio era, de fato, a própria fonte do horror que consumia seu país. Ela logo entendeu que "raiva e ódio viraram uma doença" e prender-se a esses sentimentos só a deixaria ainda mais doente — não a fariam se sentir melhor. "É por isso que Deus nos fez uma família. O que fere um fere o outro." Enquanto estava escondida, Immaculée leu a Bíblia diligentemente e descobriu que ela pedia àqueles que acreditavam: "Amai uns aos outros, orai pelos que vos maltratam e amai seus inimigos." Ela rezava o rosário diariamente, mas, quando recitava o Pai Nosso, prendia-se a uma passagem: "Perdoai-nos as nossas ofensas assim como nós perdoamos a quem nos tem ofendido." Ao recitar a oração, ela sabia que não acreditava. Dizia a si mesma: "Se eu os perdoar, isso significa que eles estão certos; e eu, errada." Foi então que pediu a ajuda de Deus. Ela rezou a Ele, dizendo: "Ajude-me a perdoar." Disse: "Pai, perdoa-lhes, porque não sabem o que fazem." Foi então que sentiu um enorme peso ser tirado de seus ombros. Por fim, sentiu que conseguiria perdoar. Immaculée diz que foi sua forte crença em Deus e sentir a presença d'Ele que permitiu que perdoasse.

Finalmente, depois de 90 dias escondida, os assassinatos acabaram. Immaculée voltou para o mundo com uma sensação de paz e de felicidade — felicidade por estar mais uma vez livre, e paz por todo o trabalho que fizera para começar a perdoar e a se livrar do ódio. Mas agora ela realmente encarava uma vida sem sua família, e essa dor é algo que nunca a deixará.

Durante seu processo de perdão, Immaculée inspirou-se nas pessoas que mais admirava, como Gandhi, Martin Luther King Jr. e Madre Teresa. "Eram essas pessoas que eu admirava, e não importava o sofrimento, elas sempre faziam o certo." Decidiu viver sem amarguras — emular os grandes heróis da paz e perdoar aqueles que mataram sua família.

Por fim, Immaculée decidiu ir à prisão para ver o homem que matou a maior parte de sua família, querendo certificar-se de que realmente trabalhara para perdoar verdadeiramente. Quando o confrontou, ela percebeu que ele não sabia o que tinha feito. Ela desmoronou e "chorei de compaixão por ele". Perguntou: "Como pode acolher tanta maldade?" Então lhe disse "Eu o perdoo." Ela explica que o viu como um homem cego que não sabia o que tinha feito, e "tudo o que eu queria era que recebesse Deus".

Era um homem que ela conhecia e respeitava como se fosse seu pai e, ainda assim, foi ele quem matou sua família — tudo porque eram de um grupo étnico diferente. Ela lembra-se de ter chorado e desmoronado na frente dele.

Enquanto estava com ele, sentiu que "até em minha tristeza, havia serenidade e conforto, lá no fundo". Percebeu que nunca quis que ele sentisse qualquer tipo de dor. Foi então que ela soube que tinha de fato trabalhado para perdoá-lo.

Sempre que Immaculée sente raiva — por aquilo que perdeu no genocídio ou por outras injustiças —, ela pede a ajuda de Deus. Tenta ser paciente consigo mesma. Lembra-se de que "sempre há alguém em uma situação pior", o que a ajuda a ter perspectiva. Quando as pessoas dizem que estão com dificuldades para perdoar e para aprender a perdoar, ela conta qual é a sensação do perdão: é como a paz. "Se eu magoar outra pessoa, não é isso que vai trazer minha mãe, meu irmão ou meu pai de volta", ela diz, reconhecendo sua capacidade de perdoar alguém que lhe tirou tanto. Sabendo que sua raiva não mudará o que já aconteceu e não devolverá o que perdeu, Immaculée entendeu que o único jeito de seguir em frente e ter uma vida saudável era através do perdão.

Anos mais tarde, Immaculée lembra-se de ter conversado sobre seu passado com alguém que lhe disse "Você não está danificada. Você sente falta da afeição dos seus pais, e isso é compreensível. Há uma forma de mudar isso." Ela não entendeu como poderia preencher o vazio de não ter a afeição de seus pais. O homem lhe disse: "Ame aqueles que mais precisam ser amados" — e era assim que ela recuperaria a sensação de ter a afeição de seus pais. Ela começou a se voluntariar em orfanatos e a ajudar os necessitados. Foi o que ajudou a preencher o espaço em seu coração. Ao distribuir o amor, ele volta para você. Foi assim que Immaculée escolheu viver.

Quando ouvi Immaculée falar sobre o importante papel que o amor teve em seu processo de cura, comecei a pensar em como poderia implementá-lo em minha própria jornada ao perdão. Nós temos a tendência a pular imediatamente para o ódio ou outros sentimentos negativos quando alguém erra conosco, mesmo se forem pessoas que amamos profundamente. Agora, quando alguém que amo me magoa, eu tento me curar ao dar-lhes amor, não raiva. Torço para que, ao fazer isso, eu os ajude a chegar a um momento em que consigam se curar do seu próprio jeito também. Mas lembro-me de que o próprio ato de dividir a energia do amor com eles voltará para mim em forma de cura. Acho que é importante ver o perdão como um processo de cura, que promove amar a si mesmo tanto quanto aos outros.

Ron Hall

Trabalhando para Chegar em Casa

"Os que mais perdoam serão os mais perdoados."
—*Philip James Bailey*

Quando Ron Hall decidiu admitir a Debbie, com quem era casado havia muitos anos, que tinha tido um caso com outra mulher, ele não estava pronto para a resposta dela. "Eu tive um caso, e ela me perdoou. Ela disse 'se você nunca mais me trair, eu nunca mais falarei disso. Deixaremos tudo para lá, e você será perdoado.'" O perdão cristão era algo de que Ron já tinha ouvido falar várias vezes, mas, só quando o viveu pessoalmente, soube que era real. Sua esposa lhe deu o tipo de perdão que a maioria apenas sonha conseguir. Ela disse "Você não viverá com esse erro. Está perdoado, e vamos reconstruir nossas vidas juntos." Em troca, ele disse que faria tudo o que ela pedisse pelo resto da vida. Sua esposa respondeu: "Eu só quero que você seja um marido fiel. É tudo o que quero." Desde então, Debbie nunca mais falou do caso de Ron.

A DÁDIVA DO PERDÃO

Foi só 10 anos depois da traição que Debbie pediu que Ron fizesse algo com que ele não estava confortável. Debbie havia sonhado com um homem desabrigado, e, no sonho, Deus pedia que ela virasse amiga desse homem. Determinada a encontrá-lo, ela contou sobre seu sonho a Ron e pediu sua ajuda para cumprir a missão que Deus lhe dera. No começo, Ron achou seu sonho um tanto bizarro, mas tinha prometido fazer tudo o que ela pedisse. Na manhã seguinte, eles foram até o centro da cidade Fort Worth, Texas, em busca do homem do sonho de Debbie. Dirigiram por ruas secundárias e becos e, depois de procurarem por várias horas, decidiram parar e se voluntariar em um centro de desabrigados. Eles trabalhavam lá havia duas semanas quando um homem sem camisa entrou de supetão, gritando a plenos pulmões que mataria quem tinha roubado seus sapatos. O homem começou a jogar as mesas para o outro lado do salão e a bater nas pessoas. Enquanto Ron se abaixou para se esconder, Debbie pulou, gritando "É ele, é ele! É o homem do meu sonho!". Ron ficou perplexo. Debbie o olhou calma, e disse: "Ron, acredito que Deus me disse que você tem que ser amigo dele."

Ron não ficou muito animado, mas sabia o que tinha de fazer. Pelas próximas semanas, procurou informações sobre o homem. O nome dele era Denver, mas algumas pessoas o chamavam de Leão da Selva, porque ele agia como se fosse dono das ruas, impondo medo e intimidação. Outros o chamavam de Suicídio, "porque encrencar com ele era o mesmo que cometer suicídio".

Durante os cinco meses seguintes, Ron foi ao centro da cidade, cruzando com Denver todos os dias. Tentou convencê-lo a entrar em seu carro para que pudessem virar amigos, como sua esposa tinha pedido. Uma manhã, para seu horror, Denver aceitou. Ron conseguia sentir a raiva borbulhando dentro de seu passageiro. Esse perguntou por que Ron o incomodava havia tanto tempo. Ele respondeu: "Cara, eu só quero ser seu amigo." Denver respondeu com um resmungo baixo "Cara, posso pensar no assunto." Era claro que Denver não queria mais nenhum amigo, mas Ron foi persistente. Ele não tinha ideia de por que Denver não queria ser seu amigo; Ron era abastado e podia fornecer roupas, comida e ajuda para alguém em sua posição.

Algumas semanas depois, Ron voltou a ver Denver nas ruas, fuçando em uma caçamba, e o convidou para tomar café. Denver pediu que ele o deixasse em paz. Ron respondeu: "Eu até deixaria, mas minha esposa disse que temos que ser amigos." Então Denver aceitou o café, mas só depois de deixar algo muito claro a Ron.

"Bem, ouvi dizer que, quando os brancos vão pescar", disse Denver, "eles fazem uma coisa chamada 'pesque e solte'. Eu não entendo. Porque lá na fazenda onde cresci em Louisiana, saíamos pela manhã, enchíamos a lata de minhocas, pegávamos a vara de pescar e ficávamos sentados na beira do rio o dia todo. E quando algo finalmente mordia a isca, ficávamos muito orgulhosos do que tínhamos pescado. Então, acabei pensando: se você é apenas um branco querendo 'pescar' um amigo para depois soltá-

-lo, não tenho interesse em ser seu amigo." Foi então que Ron notou a sabedoria de Denver. Ele foi fisgado instantaneamente e decidiu se matricular na "escola do Denver". Ron ia ao centro da cidade todos os dias e sentava-se no meio-fio, ouvindo o que ele tinha a dizer. Ao se conhecerem melhor, Ron descobriu que a criação dele na fazenda era parte do motivo de ele ter hesitado em aceitá-los como amigos. Aos 15 anos, ele foi amarrado e arrastado pela Ku Klux Klan por ajudar uma mulher branca a trocar o pneu furado. O homem fez Denver prometer que nunca mais abordaria nem conversaria com outra mulher branca, e ele só desobedeceu às ordens dele quando conheceu Debbie. Mais tarde, Denver previu o diagnóstico de câncer de Debbie; e, durante os dezenove meses em que ela lutou contra a doença, Denver e Ron ficaram mais próximos do que nunca. Denver aparecia em sua porta todas as manhãs, oferecendo palavras de fé.

No dia em que Debbie morreu, Denver apareceu na casa deles e a informou que seria naquele dia que ela conheceria Deus. Denver compartilhou com Ron que Deus havia dito que Debbie agarrava-se à vida para ter certeza de que os desabrigados teriam apoio em sua ausência. Durante sua doença, Debbie ainda ia ao centro de desabrigados e fazia transformações nas mulheres. Ela estava empenhada em cuidar dos desabrigados, e Denver entregou a mensagem para que ela soubesse que podia partir. "Eu sei que você não sabe quem cuidará deles, dos desabrigados. Mas Deus me disse ontem à noite: 'Denver, diga à senhora Debbie para passar a tocha adiante, e você a carregará para o resto da vida.'" Depois de Debbie morrer, Denver foi morar com Ron, e os dois viveram juntos pelos 11 anos seguintes, até Denver se juntar a Debbie no paraíso.

Ron diz que essa história "foi toda baseada no perdão que ela me deu. Foi o maior presente que ela poderia me dar. Ela nunca mais falou da minha traição, até o último dia, quando morreu". Alguns dias antes de morrer, Debbie estava deitada em sua cama, com os filhos e o marido ao seu lado, e disse que permitia que seu marido voltasse a se casar e que ele deveria ficar com quem quisesse depois de ela partir e pediu a seus filhos que respeitassem esse desejo. Ron sabe que a história de amor que compartilhou com sua esposa poderia ter acabado de uma forma bastante diferente, "porque chegamos em um momento em que precisávamos decidir nos amar e ficar juntos. Por causa do perdão dela, já arrecadamos mais de 100 milhões de dólares para os desabrigados de todo o país. É uma história baseada nesse ato de perdão, porque se ela não tivesse me perdoado, eu teria ido embora com outra mulher e tudo teria sido diferente — uma das histórias mais tristes já contadas".

Ron ainda fica maravilhado ao lembrar-se de que recebeu a dádiva do perdão. Ele diz que demorou quase um ano para realmente acreditar que sua esposa o perdoara, mas ele sempre sentiu seu amor e bondade durante a jornada que fizeram juntos. Ron também se lembra das vezes em que precisou praticar o perdão em sua amizade com

Denver, quando o homem mais velho tentava bater nele ou gritava. Tudo o que Debbie construiu para os desabrigados, e Ron continua a construir, não teria existido sem o perdão. Ron vê Denver como um sábio espiritual. Quando se conheceram, Ron sabia que Denver não tinha se conectado verdadeiramente a outra pessoa em 25 anos, exceto pela raiva. E então ele transformou-se no melhor amigo de Ron. Ele sabe que a amizade só aconteceu graças ao perdão cristão que recebeu de Debbie. O simples ato de dizer "eu nunca mais falarei disso. Você está perdoado" mudou o curso da vida de Ron para sempre.

Quando Denver discursou no funeral de Debbie, ele falou da presença de Cristo nela: "Eu era um homem mau, uma pessoa horrível. Não merecia amor. Mas uma pessoa muito improvável me mostrou amor. Eu não queria ser amigo de nenhuma mulher branca, mas ela era muito diferente. Conforme eu a conheci, descobri que todos somos diferentes. Tão diferente quanto eu. Somos pessoas normais, andando pela rua que Deus colocou à nossa frente." A aceitação honesta que Debbie e Ron demonstraram por Denver mostrou como estamos todos conectados, qualquer que seja nossa situação. Como Denver disse, "Sejamos ricos ou sejamos pobres, ou qualquer coisa no meio-termo, esta terra não é nosso descanso final. Então, de certa forma, todos nós estamos desabrigados, trabalhando para chegar em casa."

Eu quis incluir a vivência de Ron não apenas por ser uma história maravilhosa por si só, mas porque é contada por quem recebeu o perdão — alguém que não necessariamente sente que o mereceu. Muitos de nós já tivemos a sorte de sermos perdoados por um ato que tínhamos certeza de que nos puniria para sempre. A história de Ron me fez reconsiderar o que penso sobre receber perdão, já que a forma que Debbie perdoou Ron completamente permitiu que ele mudasse a direção de sua vida. Daqui por diante, quando perdoada, sei que pensarei profundamente sobre a forma que posso melhorar minhas ações no futuro: vê-las como uma oportunidade de fazer uma mudança positiva para aqueles ao meu redor.

Deborah Copaken

Confrontando o Monstro

"(...) Certamente é muito mais generoso perdoar e lembrar-se, do que perdoar e esquecer."
—*Maria Edgeworth*

Na véspera de sua formatura na faculdade em 1988, Deborah Copaken saiu para comemorar com seus amigos. Ela pegou carona com um dos garotos, sem perceber que ele estava embriagado. Às 2h da manhã, o jovem a estuprou e desmaiou em sua cama. Sabendo que tinha de ir a uma cerimônia de graduação em algumas horas, ela sentou-se no chão ao pé da cama, balançando-se, horrorizada com o que tinha acabado de acontecer. Ela tomou banho e esperou que seu estuprador acordasse. Quando finalmente acordou, ele anotou o número do seu telefone em um *post-it*, disse ter se divertido e pediu que ela ligasse, para que pudessem sair de novo. Deb ficou extremamente chocada e descrente por seu estuprador conseguir sair de seu quarto tão casualmente, deixando seu número para que ela ligas-

A DÁDIVA DO PERDÃO

se. Traumatizada, ela pegou a beca e o capelo e, exausta, partiu para a cerimônia de graduação.

Deb demorou 30 anos para revisitar esse incidente e procurar seu estuprador. O gatilho foi a audiência do Comitê Judiciário envolvendo a Dra. Christine Blasey Ford e o juiz da Suprema Corte Brett Kavanaugh. Deb assistiu a Ford documentar suas lembranças do abuso sexual cometido por Kavanaugh. Quando terminou, Deb sentou-se em frente ao seu computador e começou a escrever um e-mail para o homem que a atacara tantos anos antes. "Fazia muito tempo que eu queria procurá-lo. Quis procurá-lo por toda minha vida adulta, e aquele pareceu ser o momento certo. A trigésima reunião da faculdade estava chegando, e, às vezes, datas específicas parecem bons momentos para consertar o que está quebrado." Deb escreveu para seu estuprador, descrevendo o dano que ele causara, sem esperar nada em retorno. Embora desejasse um pedido de desculpas, ela não achava que receberia um. Ainda assim, foi exatamente o que recebeu vinte minutos depois. Ele ligou para seu celular — ela havia incluído o número no e-mail — e disse que estava tão bêbado naquela noite que quase não se lembrava do que tinha acontecido. Ele lembrava-se de ter achado que a atração era recíproca, mas agora entendia que tinha feito algo horrível. Mais importante, ele disse estar arrependido. "O fato de ele ter dito um 'me desculpe' tão sincero e arrependido foi enorme", ela explica. "Comecei a chorar na mesma hora. Eu não costumo chorar assim, mas, quando ele pediu desculpas, eu senti o perdão imediatamente." O peso do estupro que Deb carregou por quase trinta anos tinha sumido.

Para Deb, o processo de escrever o e-mail para seu estuprador "foi 90% da jornada. O ato de sentar-me, escrever um e-mail e, meu Deus, pressionar o botão 'enviar'. Foi o momento mais assustador — apertar o botão 'enviar'." Quando o seu estuprador ligou minutos depois, ela ficou sem palavras. "Ainda estou chocada com a bênção desse ato e ainda não tenho palavras para descrever como me senti. É impossível, e eu não costumo ficar sem palavras. Sou uma escritora. As palavras são meu ganha-pão. Mas eu não conheço as palavras certas para descrever o alívio que senti, porque é muito mais do que alívio." Seus sentimentos foram ouvidos e reconhecidos, tudo em questão de minutos. "Palavras como 'validação', 'alívio' e 'bênção' vêm à mente", ela disse, "mas não passam de palavras. É como tentar descrever o amor. 'Amor' é uma boa palavra para essa emoção, mas o que mais é o amor? É difícil explicar o que ele é, né?" Ao ouvir seu estuprador se desculpar no telefone com tamanha sinceridade e arrependimento, Deb sentiu como se tivesse voltado a ter 22 anos e se livrado da dor daquela noite marcante. "Quando escrevi aquele e-mail, foi para perdoar a pessoa que eu era aos 22 anos, a que estava assustada, magoada e traumatizada; a que errou e seguiu em frente com sua vida, porque não sabia mais o que fazer. De muitas formas, o ato de perdoar foi para mim." Costuma ser assim quando as vítimas confrontam a tarefa de perdoar — por mais difícil que seja perdoar o abusador, é ainda mais difícil perdoar a si mesmo por ter escondido a dor e ter sofrido em silêncio por tanto tempo.

Outro gatilho que fez Deb enviar esse e-mail ao seu estuprador foi a época do ano: era a véspera do Yom Kippur, "a mais sagrada das noites sagradas dos judeus". Nesse feriado, "perdoa-se, e você tanto pede perdão quanto perdoa todo mundo". Essa tradição anual de perdão é uma dádiva linda que muitos dão a si mesmos e aos outros, limpando suas vidas da dor e do ressentimento que podem estar carregando em silêncio. Para Deb, significava dizer "O passado é passado, e eu quero seguir em frente. Às vezes, quando queremos deixar o passado para trás, precisamos fazer um balanço do que fizeram conosco e do que nós fizemos com os outros". Ao perdoar, seguimos em frente livremente, sem o peso do passado.

Deb dá o crédito ao seu pai por lhe ensinar sobre o perdão desde cedo, deixando uma longa convicção que a ajudou a passar pelos momentos mais difíceis da vida. Sempre que procurava seu pai para conversar sobre uma experiência complicada, ele dizia "Você deve perdoar. Deve permitir que se desculpem e, ainda que não o façam, deve demonstrar compaixão pelo assediador. Deve demonstrar compaixão por essa pessoa que a magoou". Ser capaz de perdoar, independente da atitude da pessoa que abusou ou errou com você, abre um caminho livre da opressão, da amargura e do ressentimento.

Deb falou abertamente sobre a experiência de confrontar seu estuprador em um artigo publicado na revista *The Atlantic*, e teve uma repercussão muito maior do que poderia ter imaginado. Conforme sua história se espalhava, ela recebeu uma enxurrada de elogios por ter sido tão corajosa e compassiva ao procurar por seu estuprador. Ela respondeu, dizendo "Não, estou preservando minha sanidade. Para mim, perdoar a ele e a esse incidente horrível era importante para meu próprio bem-estar e integridade emocional".

Deb ficou surpresa com a reação esmagadora que sua história teve. Sua caixa de entrada ficou cheia de mensagens de homens e mulheres contando suas histórias e pedindo conselho sobre como seguir em frente. Ela decidiu publicar o e-mail que escreveu para o estuprador em seu site, na esperança de que outros aprendessem com sua jornada. Ela aprendeu que "o perdão entre duas pessoas parece ser um ato de intimidade, uma troca cara a cara. Mas, de fato, ele é exponencial, o que significa que os outros começam a pensar nas pessoas com quem precisam se desculpar e nas pessoas que lhes devem um pedido de desculpa, e você faz essa bola de neve de alegria, ou perdão, ou como preferir chamar, tomar vida". Ver a reação em cadeia das pessoas à sua volta — algumas que ela conhecia; e outras, não — deu ainda mais significado à experiência. A reação extraordinária ao seu ato de perdão fortaleceu seu otimismo. Como Deb diz, "Tantas coisas não funcionam neste mundo, mas posso garantir: o perdão funciona."

Pensando em sua jornada, Deb acredita que o momento foi crucial. Ela pensa nos 30 anos em que carregou o peso do estupro e sente que o e-mail que mandou e o consequente pedido de desculpa tão cheio de compaixão chegou em sua vida em um momento em que ela foi capaz de recebê-lo e aceitá-lo. Ela percebeu, ela diz, que "sua vida se trata de perdão ou não. Ou você é uma pessoa que decide aceitar os outros com todos os seus defeitos, ou você é a pessoa que não consegue manter amizades".

O perdão permitiu que Deb aceitasse uma pessoa que a assombrou por anos. Depois de receber seu pedido de desculpas, ela conseguiu "voltar a vê-lo como um humano" em vez de um monstro. Tal entendimento também mudou a forma como ela vê os outros. Ela aprendeu a ser mais compassiva e mais aberta a reconhecer que somos todos "humanos e falhos, e capazes de ter relacionamentos com esses humanos falhos" apesar dos defeitos. Quando alguém a magoa, intencionalmente ou não, ela aprendeu "que prender-se a esses sentimentos magoa apenas a nós mesmos". Quando Deb vê os outros presos a seus ressentimentos, ela pergunta "O que acha que acontecerá se os perdoar? Qual é o problema em perdoar?" E diz, por experiência: "Se você não perdoar alguém, seja lá quem tenha errado com você, essa raiva e toxicidade vão envená-lo."

A história de Deb dá esperanças àqueles que querem saber se um dia chegarão a um lugar de aceitação. Nós todos precisamos seguir no nosso próprio ritmo, ter fé que um dia seremos capazes de escrever um e-mail para alguém que errou conosco, detalhando esses erros para expressar nossa intenção de lhes dar a chance de pedir desculpa e consertar as coisas. Em retorno, os dois lados recebem a dádiva do perdão.

Muitas pessoas dizem que o perdão chegou a eles num instante. Outras dizem que levou semanas, meses e até anos. Para Deb, demorou 30 anos. Quando ela me contou sua história, perguntei se ela já havia desejado ter perdoado seu estuprador mais cedo. Ela me disse que o perdão chegou no momento certo para ela.

Muitos sentem a necessidade de apressar o perdão, de deixar eventos dolorosos para trás. Mas o perdão não funciona se você não estiver pronto. A história de Deb nos ensina que o perdão não tem prazo. Ele chega quando você está pronto, e nunca é tarde demais para corrigir seus erros ou pedir desculpa. As experiências dela foram uma revelação para mim, já que me forçaram a fazer um balanço dos meus rancores e de situações passadas, quando eu era inexperiente demais ou medrosa demais para confrontar sentimentos recentes. As histórias como as de Deb lembram-nos que nunca é tarde demais para perdoar.

Nadia Bolz-Weber

Pastora da Liberdade

"Aceite as lições quando finalmente aprendê-las, perdoe-se pelo que não sabia antes e siga em frente com graça, paz e autocompaixão."

—*Elizabeth Gilbert*

Aos 22 anos, Nadia Bolz-Weber compareceu à sua primeira reunião dos Alcoólicos Anônimos, conformada com o fato de que morreria antes dos trinta. Quando ela entrou no AA, ficar sóbria pareceu "uma grosseira interrupção da minha vida". Ainda assim, conseguiu ficar sóbria quando aceitou a presença e o poder de Deus em sua vida. O luteranismo a guiou no caminho da recuperação, uma fé que lhe ensinou que todos são pecadores e santos.

Em 2004, Nadia foi convidada a conduzir o serviço funerário de uma amiga, já que era uma das poucas que tinha alguma fé. Ao conduzir o serviço, ela percebeu que a maioria das pessoas ali — e no mundo — seria vista como imperfeita em quase todos os lugares religiosos. Aquelas

A DÁDIVA DO PERDÃO

pessoas precisavam de um pastor para guiá-las, e Nadia seria essa pastora. Em 2008, ela foi ordenada pela Igreja Luterana e fundou a Igreja *All Sinners and Saints* [Igreja de Todos Pecadores e Santos, em tradução livre], em Denver, Colorado.

O ministério de Nadia é baseado em sua própria história com o vício e a recuperação, autoabuso e autoperdão. Embora ela refira a si mesma, modestamente, como a "pastora que é péssima em perdoar e está desesperada", suas antigas fraquezas deixam-na ainda mais compassiva com as necessidades de sua congregação. Ela conhece a dificuldade de perdoar e lembra-se de uma época em que ela, também, sentia-se presa pelo ressentimento.

O caminho de Nadia ao perdão foi moldado por suas experiências no programa de 12 passos. Na comunidade do AA, ela aprendeu sobre os perigos de prender-se ao ressentimento, a "luxúria dúbia dos homens comuns". Para ajudar os alcoólatras em recuperação a afastarem-se do ressentimento e a aproximarem-se do perdão, ela fala sobre a parte do programa do AA que encoraja as pessoas a identificarem e aceitarem a própria participação naquilo que as magoou. Como ela ressalta, muitos sentem que reconhecer a forma como contribuíram para a própria mágoa "é como trair a dor". Mas pensar criticamente sobre nossas próprias ações é o passo fundamental para perdoar e viver uma vida livre do fardo do ressentimento.

O "Grande Livro" dos Alcoólicos Anônimos, o principal texto do AA sobre como recuperar-se do abuso de álcool, também fala sobre pensar nos eventos de nossas vidas para determinar quando que nós "tomamos uma decisão baseada em nós mesmos que nos colocou na posição de nos ferirmos". Para ilustrar esse princípio, Nadia usa o exemplo de poder voltar com seu ex-namorado. Quando ele terminou o relacionamento, ela sentiu-se destruída. Vinte e dois anos depois, eles reataram o relacionamento. Já estão juntos há dois anos. Um dia, recentemente, quando estavam em um avião, ele perguntou como ela conseguiu perdoá-lo por tê-la deixado. Ela lhe disse que tinha finalmente chegado a um momento em que "consegui ser honesta sobre o quanto do meu sofrimento nessa situação foi minha culpa".

Quando conseguimos assumir a responsabilidade do nosso papel em uma situação dolorosa — ainda que seja uma minúscula parte da responsabilidade —, podemos "dissociar a pessoa". Para a maioria, analisar o próprio papel em uma situação dolorosa pode ser estranho e anormal. Como Nadia diz, "Eu entendo por que é difícil: é porque parece que estamos traindo a parte de nós que está magoada. Como se interromper essa cadeia de ressentimento com a pessoa que estava envolvida fosse um ato de traição contra a parte que está magoada. Mas não é. Na verdade, é honrar todo meu ser ao dizer: 'Nós vamos seguir em frente agora. Não vamos mais nos prender a você. Vamos seguir em frente.'"

Reformular sua história é um dos segredos para libertar-se do passado. Devemos abandonar a narrativa de vítima e virar nosso próprio protagonista. Como Nadia diz, "Ficamos tão apegados à história que estamos contando que acabamos pensando 'É verdade, e, é a única versão que pode ser verdade'. Mas, meu Deus, não; na verdade, você pode contar a história de várias formas — maneiras que ainda são verdadeiras e que ainda honram quem você é, e sua mágoa, mas que não o mantém naquela posição." A verdadeira coragem vem com a decisão de realmente separar-se do incidente. "Se ficarmos contando uma história de como fomos vítima, o que ganhamos? Para realmente seguir em frente, é necessário ter muita coragem, contar a verdade e desapegar-se. Pode ser muito mais fácil continuar naquela situação horrível e sentir pena de nós mesmos. Mas isso não é liberdade."

Nadia ressalta a importância de separar seus sentimentos por quem o magoou da dor que teve como resultado. Ela explica: "Acho que o segredo é entender a diferença entre a pessoa e a mágoa que está sentindo. O que fazemos é: sentimos a dor, a mágoa, o trauma, o ressentimento, a raiva; temos todos esses sentimentos de traição e tudo o mais, e associamos tudo isso à pessoa. E, muitas vezes, esses sentimentos são muito maiores do que podemos atribuir apenas à ação de uma pessoa." Ainda que sua dor e mágoa sejam sentimentos válidos, se você permitir-se seguir nesse padrão de senti-los, virará um círculo vicioso. Nadia afirma: "É importante reconhecer a mágoa, a dor, o trauma. Não estou dizendo para ignorar. Só estou dizendo para separá-los do humano o máximo possível. Porque, enquanto o sentimento de mágoa e dor estiverem atrelados a outra pessoa, vai ser muito mais difícil sarar." Quando assumimos a responsabilidade por nossa angústia, passamos a ser responsáveis pela cura. Ainda que outros tenham tido parte na mágoa, devemos ser os donos da cura da dor a fim de seguir em frente.

A capacidade de viver verdadeiramente livre precisa que "a corrente que nos prende àquela pessoa seja rompida". Nadia compara esse processo ao uso de um corta vergalhão para libertar-se das pessoas que forçam alguém a carregar raiva e ódio. E esse corta vergalhão é o perdão — é o perdão que corta as amarras entre a pessoa e a dor. Você não precisa mais confiar nela, mas pode livrar-se do fardo da raiva que sente por ela. Libertar-se dessa raiva pode parecer um sacrifício. Pode ser tentador apegar-se a uma mágoa antiga e julgar o inimigo. Mas, quando nos concentramos no dano que nos foi feito, temos apenas satisfação temporária. "Eu não ganho nada", Nadia explica. "É uma sensação boa, mas é adrenalina, é sentir-se dono da verdade. É bom por apenas um momento."

Lembrar-se do que aconteceu e ficar chateado não significa que o perdão não aconteceu. O que ajuda Nadia quando tais sentimentos aparecem é tentar ver a situação do ponto de vista da pessoa que a magoou. Permitir-se expressar compaixão pela outra pessoa pode mudar sua opinião, não apenas sobre ela, mas sobre si mesmo. Ela diz que "podemos responsabilizar a pessoa pelas consequências de suas ações, mas também podemos ter compaixão pela forma como ela acabou na posição de fazer essa escolha". Todos têm motivos para se comportarem de um jeito ou de outro. Isso não justifica nosso comportamento, mas o explica, e essas explicações podem guiar a pessoa que precisa perdoar. No fim, o perdão é um presente que você dá a si mesmo; pouco tem a ver com o mérito e o bem-estar da outra pessoa. Como Nadia nos lembra, "Tem tudo a ver com seu próprio coração, bem-estar e pressão sanguínea."

O perdão pode ser um processo longo. Nadia pede paciência: "Às vezes, não é algo rápido. Às vezes, você precisa passar pelo processo de novo, mesmo depois de libertar-se do ressentimento. Ele acaba voltando." Quando o ressentimento e a raiva voltam, pode ser útil procurar um poder maior. Nadia encontra conforto na oração. Ela acredita em "tentar se conectar com Deus. Porque eu sei que não sou boa o bastante".

Nadia também conhece o poder de receber perdão. Durante sua vida, ela já foi perdoada pelos outros — frequentemente quando não sentia merecer — e aprendeu que pode causar uma "transformação no coração humano". Ela diz: "O perdão mudou algo em mim que mais nada conseguiria." Ela quer conseguir trazer esse tipo de transformação aos outros, porque é "uma dádiva linda", que é rara de se dar e de se receber. É um dos raros vícios que são *saudáveis* e isso a deixou "desesperada por liberdade, desesperada para compartilhar essa dádiva transformadora com outros". Ser uma "humana desesperada" permitiu que ela fosse a fundo, para explorar e entender melhor o perdão e o papel que ele tem em sua vida. Nadia acredita que o perdão é algo que praticamos durante toda a vida; não tem um fim. E ele se transformou na missão de sua vida. Quando descobrimos o poder do perdão, só paramos de perdoar com "nosso último suspiro".

Nadia esteve nos dois lados do perdão: já o concedeu e já o recebeu, e sabe como pode ser poderoso. Ela fala sobre o perdão não como um sinal de fraqueza, mas como uma declaração de que, não importa o tamanho do erro, você pode escolher libertar-se. Nadia chama aqueles que perdoam de "lutadores da liberdade". Sua forma de pensar lhe dá o poder de perdoar, e foi o que me permitiu pensar na minha própria experiência com o perdão de um jeito diferente. Por muito tempo, eu vi o perdão como uma forma de rendição, uma forma de passar por um incidente doloroso e evitar o conflito. Se um amigo me magoava, eu dizia "eu te perdoo" e torcia para que as coisas entre nós melhorassem magicamente. Agora, vendo o perdão como uma força, mudei completamente de opinião. Não é um convite para que os outros nos magoem; é o ato de recuperar seu poder e libertar-se de seu passado.

Lewis Howes

Masculinidade Consciente

"E é apenas quando concedemos misericórdia a nós mesmos que podemos oferecê-la aos outros."
—Mary Pipher

Lewis Howes é um ex-jogador profissional de futebol americano, autor *best-seller* do *New York Times* internacionalmente aclamado, empreendedor e expert em mídias sociais. Como anfitrião do podcast *The School of Greatness* [A Escola da Grandeza, em tradução livre], ele envia mensagens de esperança e inspiração para os ouvintes de todo o país. Poucos diriam que ele era assombrado por acontecimentos de seu passado — eventos que obscureciam seu sucesso e deixavam-no preso em uma jaula de raiva e ressentimento. Apenas quando conseguiu revelar o abuso que sofreu e perdoar o abusador foi que Lewis finalmente descobriu a paz interior que desejara por tanto tempo.

A DÁDIVA DO PERDÃO

Mas o caminho até a paz não foi fácil, especialmente no que dizia respeito a perdoar a si mesmo. Como Lewis diz, "Eu costumava me repreender por tudo. Por me sentir insignificante, por me sentir idiota, por sentir que eu tinha estragado tudo com os meus pais, por eles terem se divorciado, por meus irmãos terem dificuldades". Quando finalmente aprendeu a se perdoar, ele descobriu que era "uma das coisas mais poderosas". Esse entendimento veio depois de várias dificuldades particulares que o forçaram a confrontar seu passado.

Aos 30 anos, Lewis "passou por várias transformações diferentes em minha vida". Ele passava pelo término de um relacionamento íntimo e a dissolução de uma sociedade, envolveu-se em uma briga física brutal durante um jogo de basquete e cortou relações com vários amigos próximos. Ao pensar nesses obstáculos, ele reconhece que a única coisa que eles tinham em comum era ele mesmo: "Eu era o padrão de todos esses relacionamentos." Por fim, quando seu melhor amigo da faculdade disse que não queria mais sair com ele, Lewis finalmente precisou enfrentar seus demônios. "Por fora, parecia que eu tinha tudo. Eu ganhava milhões de dólares. Mas, por dentro, eu sofria. Não tinha paz interior. Não sabia como tê-la. Não sabia como encontrá-la." Lewis acabou descobrindo que praticar o perdão era o elemento essencial de que precisava para alcançar a paz interior. Como ele diz, "Se você se ressente de alguém ou de si mesmo, vai viver com essa sensação de sofrimento — uma falta de paz interior — e vai viver lutando contra ela". Lewis queria mudar, mas primeiro precisava descobrir de onde vinha todo o tormento em sua vida. Então, ele começou a fazer terapia e a participar de vários seminários.

As coisas só começaram a mudar quando Lewis decidiu abrir-se sobre o abuso sexual que sofreu na infância. Era um segredo que ele escondera por décadas. Por fim, depois de 25 anos, ele conseguiu contar a história toda, do começo ao fim, em frente ao seu grupo de apoio para homens. "Eu não sabia o que aconteceria quando me abrisse, mas estava morrendo de medo de que, se alguém soubesse, ninguém me amaria."

Tendo crescido no centro-oeste americano, Lewis sentia que "era inaceitável ser abusado, ou parecer fraco, ou oprimido. Ser mais agressivo sempre foi um mecanismo de defesa". Mas o avanço que ele fez na terapia e nos seminários lhe deu a confiança necessária para ser honesto sobre seu passado. Quando ele terminou de contar a história, começou a chorar. Ficou tão emocionado que precisou se retirar do grupo para conseguir respirar. Enquanto estava no lado de fora, recuperando-se de reviver o trauma da infância, os homens do grupo saíram, um a um, para confortá-lo. "Eles diziam: 'Você é meu herói.'" Vários homens lhe contaram que eles também tinham vivido abusos parecidos, e a capacidade de Lewis de se abrir sobre seu passado os ajudou a se curarem. "A reação daqueles homens mudou tudo para mim. Eles confiavam mais em mim, me amavam mais, me respeitavam mais. Achei que seria o contrário." Contar a história de seu abuso para todos os membros do grupo — a maioria dos quais não conhecia tão bem — permitiu que Lewis se abrisse pela primeira vez para seus amigos mais próximos e sua família. Ele finalmente pôde dizer "Eu perdoo essa pessoa que fez isso comigo, e eu me perdoo por ter me culpado por tantos anos." Conseguiu libertar-se da vergonha e da amargura que carregara a vida toda. Percebeu que perdoar significa estar vulnerável e ser honesto sobre quem você é. Significa permitir que a máscara da masculinidade caia e que seu "eu" verdadeiro se cure.

Assim que Lewis começou sua jornada de perdão, ele notou melhoras imediatas em sua vida. Ele não sentia mais "a ansiedade, nem o estresse, nem a preocupação com que sempre dormi. Consegui ter paz". O rejuvenescimento de Lewis não foi apenas emocional, mas também físico: "Nos últimos cinco anos, minha saúde se transformou através do ato de perdoar, porque, com o perdão, veio a liberdade."

O perdão também transformou o relacionamento de Lewis com os outros. Como ele me disse, "Se eu guardo rancor, então não estou magoando apenas a mim mesmo; estou magoando todos ao meu redor ao expressar negatividade em vez de ser positivo e ser útil às pessoas. Acho que nossa missão é ser o mais útil possível". Lewis diz que o esforço para chegar ao perdão pode ser desconfortável, mas é essencial para libertar-se. Para ele, a parte mais difícil foi confrontar o abuso que desencadeou o ressentimento. Depois disso, ele percebeu que perdoar os outros é relativamente fácil. Como ele diz, "No trabalho, eu tinha disposição. Eu perdoei todo mundo".

Lewis perdoou seu abusador e seguiu em frente com sua vida, mas ainda vê o ato de perdoar como um processo incompleto, no qual ele ainda trabalha. Quando vive um momento de gatilho — como ouvir histórias de abuso —, ele o usa como "um lembrete para continuar com as práticas que tenho: meditação, prudência, respiração, treino, todas essas coisas. E ter consciência, que é repassar tudo isso e dar um tempo; depois, voltar para a vida normal em vez de me prender ao ressentimento e à raiva. Porque eu vivi assim por muito tempo, e já não funciona para mim".

Para Lewis, aprender a perdoar veio com o tempo e com a experiência. Mas, quando adotou essa prática, descobriu que ela se entranhou em todas as áreas de sua vida, chegando a permitir que ele se reconciliasse com seu irmão afastado. Quando Lewis tinha oito anos, seu irmão foi preso por vender drogas para um policial infiltrado. Naquela época, Lewis foi afastado de seus amigos, porque os pais da vizinhança achavam que ele tinha as mesmas inclinações criminosas. Lembra-se de ter ficado profundamente chateado com seu irmão — como se ele tivesse roubado sua infância. Desde então, Lewis o perdoou e não carrega mais esse ressentimento.

Lewis descobriu que adotar completamente o perdão em todos os aspectos de sua vida é a única forma de viver livre de ressentimentos. Como ele diz, "Eu sinto que a gente não entende completamente o perdão até termos perdoado tudo o que aconteceu. Se você se prende ao rancor por uma pessoa ou por um incidente em sua vida, mas perdoa outras coisas, acho que não perdoou de verdade. Ou você se entrega completamente ao perdão ou guarda rancor". Ao prender-se à energia negativa por uma pessoa ou por uma situação, "vai existir um veneno em seu corpo e em seu coração por aquela pessoa, em todos os momentos do dia, porque você está se prendendo a isso. Você não perdoou de verdade se não conseguir perdoar tudo. É uma prática diária. Podemos guardar rancor o tempo todo ou podemos escolher viver o perdão constantemente e ficar em paz".

Para incorporar completamente essa sabedoria, Lewis começou a meditar todos os dias, preparando-se para qualquer coisa que possa chateá-lo. Assim, ele protege-se dos insultos e acidentes inevitáveis que possam arruinar seu dia. Embora seja importante sentir todas as emoções que nos assolam, é igualmente importante libertar-se delas e não permitir que elas o prendam em um estado de negatividade. "Quando você se prende ao rancor, essencialmente está dizendo que aquela pessoa tem poder sobre você. É você quem dá esse poder. Quando perdoa a pessoa, você retoma o poder. Você diz: 'Essa pessoa não tem mais poder sobre mim. Não vou lhe dar minha energia. Não vou lhe dar meu tempo, meus pensamentos, meus sentimentos. Vou retomar meu poder ao perdoá-la. Não por ela, mas por mim.'"

Ainda que guardar rancor possa parecer mais fácil às vezes, perdoar é a única maneira de retomar o poder e libertar-se. "Quanto mais você se prende ao rancor, mais está prejudicando a si mesmo e seus sonhos. Está magoando ainda mais as pessoas à sua volta. Essa pessoa que você não perdoou agora afeta você, sua família, seus amigos, seus colegas de trabalho e todo mundo à sua volta. Ela tem poder e controla todo mundo também, porque está se permitindo ser controlado." Como Lewis ressalta, perdoar alguém não significa que você concorda com as ações da pessoa, tampouco que permite que ela volte à sua vida. Perdoar é uma forma de libertar-se da dor e da amargura e seguir em frente com a mente livre de raiva e ressentimento. "É ainda responsabilizar a pessoa, mas também é permitir-se ser livre da raiva, da fúria e da dor."

Conversar com Lewis me fez lembrar que, frequentemente, nós cometemos o erro de nos comparar aos outros. Imaginamos por que não parecemos tão felizes quanto os outros, ou por que não somos tão bem-sucedidos. Ouvir a história de Lewis é um ótimo lembrete de que o que vemos por fora nem sempre reflete o que acontece por dentro. Às vezes, as pessoas que procuram a perfeição estão fugindo de demônios que não conhecemos. Lewis conseguiu se libertar através de um processo de perdão, e esse processo virou uma prática diária. Sua história lembrou-me da importância de nos abstermos de julgar; somos todos humanos, todos temos defeitos e dificuldades, e fazemos o que podemos. A vida já é difícil sem o fardo da culpa e do julgamento; devíamos nos lembrar, de tempos em tempos, de sermos um pouco mais compassivos — com os outros e com nós mesmos.

Scarlett Lewis

A Cura do Amor

"A alma humana nunca parece tão forte quanto no momento em que renuncia à vingança e atreve-se a perdoar uma mágoa."

—*Edwin Hubbell Chapin*

Scarlett Lewis lembra-se vividamente de quando viu seu filho Jesse pela última vez. Muito antes de perder seu filho, ela tinha tomado a decisão de ser uma mãe presente. Como mãe solteira de dois meninos, Scarlett conhecia o imenso valor de estar ativamente envolvida na vida de seus filhos. Com o tempo que tinham juntos limitado ao começo da manhã, antes de irem para a escola, e à noite, quando os deixava na aula de futebol, ela queria que o tempo que passavam em casa fosse livre de quaisquer distrações da televisão ou dos videogames. Na manhã de 14 de dezembro de 2012, Scarlett lembra-se de acompanhar Jesse até a calçada, onde o pai dele, Neil, o encontraria. Scarlett ficou conversando com o pai de seu filho, preso no caos do horário de pico da manhã. Quando se virou para dar um abraço de despedida em seu filho, ela viu que ele havia escrito "eu amo você" com o dedo na neve que cobria o capô do carro. Sabendo que aquele era um momento a ser lembrado, Scarlett correu para pegar sua câmera e tirar uma foto de Jesse ao lado do carro. Ela nem imaginava que aquela seria a última foto que tiraria de seu filho.

Jesse frequentava a Escola Primária de Sandy Hook. Quando Scarlett foi notificada do tiroteio, ela esperou no quartel dos bombeiros com sua mãe e seu outro filho, desesperada por informação. Jesse não estava entre as crianças que saíram andando da escola, uma a uma, acompanhadas pela polícia. Scarlett conversou com os policiais, que perguntaram se ela tinha alguma foto recente de Jesse ou se ele tinha alguma marca distinta. Enquanto esperava no ar frio da noite, ela sentia os olhos de J.T. observando cada um dos seus movimentos, ouvindo todas as palavras que saíam de sua boca. "Eu soube que, naquele momento, a forma como eu lidaria com aquilo, independente do resultado, moldaria a forma como o J.T. lidaria com o trauma, com a tragédia, com a dificuldade, com os desafios e com os obstáculos pelo resto de sua vida." Saber disso ajudou Scarlett a ser forte e, no fim, ajudou-a a perdoar. Scarlett queria o mesmo para J.T. "Eu queria que ele tivesse um coração cheio de perdão, porque o que eu aprendi foi que, às vezes, essa é a única forma de retomar o poder."

Quando Scarlett recebeu a notícia da morte de Jesse, seu mundo implodiu. Ela foi para a casa de sua mãe, porque a ideia de voltar para a própria casa — o último lugar em que viu seu filho vivo — era dilacerante. Tomada pela dor, ela tentava entender como algo tão cruel e tão sem sentido poderia ter acontecido. "Eu me lembro de ter pensado na mesma hora que alguém que consegue fazer algo tão horrível deve estar sentindo uma dor tremenda. E acabou sendo verdade."

Scarlett lembra-se de ter voltado para casa pela primeira vez para escolher as roupas com que seu filho seria enterrado. Ela pegou o que queria de suas gavetas e, ao sair, notou uma mensagem que ele tinha deixado na lousa da cozinha. "Pouco antes de morrer — e ninguém o viu fazer isso —, Jesse escreveu três palavras: 'acalentar, curar, amar'. Eu parei quando vi isso e soube instantaneamente que se Adam Lanza, o atirador, tivesse dado e recebido alento, cura e amor, a tragédia não teria acontecido. É muito simples. E foi assim que comecei a sentir compaixão por ele. Se você está conectado a outras pessoas, não quer feri-las." Sentindo que seu filho tivera uma premonição, Scarlett quis descobrir o significado mais profundo da mensagem dele e ajudar a espalhá-la.

Scarlett procurou o Dr. Chris Kukk, um professor da Western Connecticut State University que fez pesquisas extensas sobre a compaixão. Ela mostrou a mensagem de Jesse ao Dr. Kukk e explicou sua vontade de passá-la adiante. O Dr. Kukk lhe disse que aquelas três palavras — acalentar, curar, amar — "são a definição de compaixão em todas as culturas. Acalentar significa amar com gentiliza; curar significa perdão; e amor é a compaixão em ação — então é a identificação da necessidade ou do sofrimento no outro e agir para ajudar a diminuir a dor". Alguns dias depois do tiroteio, Scarlett descobriu que seu filho salvou a vida de nove colegas de sala, antes de perder a própria. Saber da coragem que ele demonstrou lhe deu a força para perdoar.

Perdoar Adam Lanza foi um passo crucial no processo de cura de Scarlett. Ela teve compaixão por ele desde o começo, depois de sentir que suas ações tinham sido motivadas por tormentos profundos. Enquanto se dava o tempo necessário para processar a morte de seu filho, ela sabia que a única forma de perdoar seria humanizar Lanza.

Em março de 2013, alguns meses depois da morte de seu filho, Scarlett fundou o Jesse Lewis Choose Love Movement [Movimento Jesse Lewis Escolha o Amor, em tradução livre], com a missão de passar a mensagem de perdão para as pessoas que sofreram perdas. Ao fazer esse trabalho, Scarlett encontrou pessoas que conheciam Adam e que falaram que ele sofreu bullying extremo. Quanto mais Scarlett descobria sobre Adam, mais ela percebia que ele foi uma criança cujas necessidades não foram atendidas. "Adam literalmente fez tudo o que deveria ter feito quando era pequeno" — mas o tempo, a atenção e os recursos de que ele precisava não lhe foram dados. Ela descobriu que, quando estava na primeira série, Adam distribuiu convites do seu aniversário para a escola toda, mas ninguém compareceu à sua festa. Quando estava na quinta série, escreveu uma redação intitulada "The Book of Granny"

[O Livro da Vovó, em tradução livre], ilustrando uma bruxa que ia à escola com uma vassoura que virava uma arma semiautomática para matar os alunos. "É uma criança pedindo ajuda, sem conhecer outras maneiras de fazer isso." Scarlett escolhe ver a raiva crescente de Adam de uma perspectiva de compaixão — como uma criança isolada pelos colegas, recorrendo à violência por causa da dor que carregava. Sentir empatia por Adam permitiu que ela se libertasse da raiva que sentia dele e a redirecionasse *por* ele. "Depois de ler os relatórios sobre as necessidades dele que não foram atendidas, que ele foi negligenciado — e, para mim, negligência é o pior tipo de bullying —, posso dizer honestamente que é mais fácil ficar brava por ele do que com ele."

A perda de seu filho fez Scarlett apreciar ainda mais o processo de perdão. "Eu comecei sentindo compaixão por ele. Não sabia nada sobre perdão, aliás. Fui criada como cristã; falávamos sobre a necessidade de perdoar. Mas nunca nos falaram o que significa ser quem perdoa, os benefícios, como perdoar. Então, comecei com compaixão pelo atirador. Entretanto, quando você vê o corpo do seu filho morto em um caixão pela primeira vez — aquele caixão minúsculo, com seu filho de seis anos dentro, com um buraco de bala na testa —, sente uma raiva tremenda."

Scarlett lembra-se do aniversário de sete anos de Jesse, seis meses depois de sua morte. Ela planejava uma comemoração enorme, com o escorregador inflável que ele tanto pedira quando estava vivo. Ela queria celebrar a vida dele.

Na manhã da festa, acordou angustiada, paralisada pela ideia de comemorar o aniversário de seu filho sem ele. A raiva voltou a se acumular dentro dela — raiva pelo atirador que lhe tirou seu filho. "Acho que nós gostamos de culpar quando algo acontece com a gente. A primeira coisa que costumamos dizer é 'Ah, e de quem é a culpa? Quem eu posso culpar?' E é claro que Adam Lanza e sua mãe eram o alvo óbvio, porque, bem, foi Adam quem atirou e foi sua mãe quem lhe deu a arma. Sim, ele é responsável pela tragédia; entretanto, será que foi mesmo culpa dele?" Scarlett percebeu que seria fácil ficar brava com Adam e sua mãe, mas a culpa não era toda deles.

Scarlett descobriu que a mãe de Adam o levou a Sandy Hook quando ele estava no jardim de infância. Foi examinado e determinou-se que ele precisava de serviços especializados, que então foram negados. Scarlett tinha várias similaridades com a mãe de Lanza. Scarlett também tinha levado J.T. para ser examinado em Sandy Hook, e ele também teve os serviços especializados negados. Tanto Scarlett quanto a mãe de Adam eram mães solteiras, e Scarlett conhecia a dificuldade de se conectar com um filho adolescente. O erro da mãe de Adam foi colocá-lo em contato com uma arma.

Em vez de atribuir toda a culpa aos Lanza, Scarlett decidiu adotar uma visão mais abrangente do incidente e examinar o próprio papel em uma sociedade que permitia que esse tipo de incidente acontecesse. "Eu assumo minha parte da responsabilidade pelo que acontece em nossas escolas e em nossa sociedade. Eu morava na cidade que gerou o Adam Lanza; ele teve uma vida inteira de dor. Será que eu já cruzei seu caminho? Acho que não. Mas sei que somos todos muito poderosos. A forma como tratamos os outros se manifesta de vários jeitos diferentes. E há um efeito cascata — de verdade. E, se não começarmos a assumir a responsabilidade pelo que está acontecendo, nunca conseguiremos resolver o problema."

O único jeito de Scarlett comparecer à festa de aniversário de seu filho foi respirar fundo e perdoar novamente. "O perdão começa com uma escolha e depois vira um processo. É retomar nosso poder. É minha nova definição." Ela percebeu que poderia passar por essa provação ao retomar seu poder e escolher não se permitir ser a vítima. "Se eu não tivesse perdoado o Adam, ele teria poder sobre meus pensamentos, que afetam meus sentimentos, que, então, afetam meu comportamento. É o que chamam de triângulo cognitivo na área de saúde mental. Eu literalmente lhe daria o controle e viraria outra vítima do tiroteio de Sandy Hook. E isso provavelmente teria induzido J.T. a ser outra vítima também. Em vez disso, decidi perdoar."

Ter empatia por Adam permitiu que Scarlett virasse parte da solução. Em sua jornada, ela aprendeu que há dois tipos de pessoas neste mundo: "Há pessoas boas que querem ser parte da solução e que tentam implementar aprendizados sociais e emocionais, e há pessoas boas que estão sofrendo. E é assim que vejo Adam Lanza. Será que ele queria crescer e virar um assassino em série? De jeito nenhum. Isso foi o resultado da negligência, da dor e da desconexão. Se nós tivéssemos dado a ele as habilidades e as ferramentas para que fosse capaz de escolher um caminho melhor e mais feliz, não faz sentido ser esse o caminho que ele escolheria?"

Scarlett passou a conseguir usar palavras para descrever sua jornada de perdão depois de viver uma experiência profundamente emocionante com seu filho J.T. Depois do tiroteio, J.T. ficou relutante em voltar para a escola. Todos os dias, Scarlett perguntava se ele estava pronto, e ele dizia que não, preferindo ficar em casa mais um dia. Por um lado, ela estava aliviada por seu filho estar em casa, onde estaria seguro; por outro, sabia que ele precisava voltar para a escola e terminar a sétima série. Os conselheiros sugeriram que ele repetisse de série, mas ela não queria que ele se sentisse punido por ter vivido seu luto. A mudança veio para Scarlett e seu filho quando um grupo de órfãos, sobreviventes do genocídio de Ruanda, entrou em contato com J.T. pelo Skype. O contato foi facilitado pelas conexões da família, e os sobreviventes na tela falaram a J.T.: "Ficamos sabendo do que aconteceu com seu irmãozinho, e sentimos muitíssimo. Queremos que saiba que você vai ficar bem e voltará a sentir alegria." E então os órfãos contaram histórias sobre o genocídio: alguns perderam a família, outros foram atacados, alguns quase morreram de fome. Uma garota chamada Chantelle tinha oito anos quando seus vizinhos mataram sua família e cortaram sua garganta. Eles a enterraram em uma cova rasa, onde ela ficou escondida por dias, até finalmente se desenterrar e achar o caminho até o orfanato. Os sobreviventes disseram a J.T. que perceberam que "eles precisavam perdoar, caso contrário, seguiriam o caminho dos assassinos". Eles também disseram que conseguiram dar significado ao sofrimento ao entrar em contato com pessoas que, como J.T., passaram pela perda de alguém, para lhes ajudar em suas jornadas.

Foi depois dessa ligação que J.T. decidiu voltar para a escola. Scarlett e seu filho se sentaram para conversar sobre o impacto daquela ligação no Skype. Eles fizeram uma lista de gratidão. "Tínhamos muito pelo que ser gratos. E então nós dois nos comprometemos a perdoar. Falamos isso um para o outro." J.T. voltou para a escola no dia seguinte e começou uma organização para angariar fundos para ajudar os sobreviventes do genocídio de Ruanda a frequentarem a faculdade. "A moral dessa história é que, quando nos comprometemos a perdoar, J.T. mudou de atitude e quis distribuir o amor que aquelas crianças deram a ele. Eu sinto que fazer isso o fortaleceu. E é o que ele ainda faz. O acalentar, o curar e o amor que você dá são o que você recebe de volta."

Scarlett explicou que parte do Jesse Lewis Choose Love Movement é oferecer "um programa de aprendizado social e emocional amplo e livre de custos, do jardim de infância até o ensino médio. Ensinar as crianças a perdoar é o foco do programa, porque o perdão foi a parte mais importante na minha jornada de cura. E é o único motivo de eu conseguir viajar e fazer tudo o que faço no Choose Love Movement". Scarlett diz que é importante ensinar às crianças sobre o perdão desde cedo. Durante sua jornada, ao viajar e expandir o programa, ela aprendeu que as crianças são muito bem versadas no perdão. "O perdão é algo que as crianças usam bastante. São os adultos que não o entendem. O perdão tem uma importância vital para a existência de nossa sociedade." Ela notou que o perdão frequentemente é o traço de personalidade que os alunos mais valorizam e, quando perguntaram o porquê, eles disseram: "Porque é muito bom se desapegar. É como um superpoder!" Convencida de que o mundo seria um lugar diferente se o perdão tivesse sido ensinado nas escolas mais cedo, Scarlett trabalha duro para espalhar a mensagem nas escolas hoje. Ajudar as crianças a aprender sobre o emocional e social é uma maneira importante de evitar que elas machuquem umas às outras. "Ensinar as crianças a se darem bem, a serem resilientes, como controlar suas emoções, é cultivar a segurança de dentro para fora." Em 2018, Scarlett ajudou o governador de New Hampshire, Chris Sununu, e o diretor da segurança nacional, Perry Plummer, a aprovarem uma iniciativa escolar estadual focada no aprendizado social e emocional como parte da segurança escolar.

Ser capaz de entender a raiz da necessidade de Adam Lanza atacar os outros permitiu que Scarlett recuperasse seu poder e seguisse em frente. O perdão deu a Scarlett a capacidade de encontrar significado em sua perda e transformar o luto em ação que ajudou as vidas de tantos outros.

A história de Scarlett nos mostra o poder que o perdão tem para transformar a tragédia em uma mudança positiva. Não havia nada de óbvio na escolha de perdoar e, ainda assim, ela soube imediatamente que era sua única forma de seguir em frente. Ater-se ao luto e à culpa só teria a prendido para sempre em seu momento mais sombrio. Muitas pessoas que eu conheço usaram a raiva como uma forma de lidar com o trauma, porque a ideia de desapegar-se é dolorosa demais para ser encarada. Eu também já passei por isso. Mas, depois de ouvir a história de Scarlett, fui inspirada a encontrar uma forma de reequilibrar esses momentos de raiva — trocar emoções negativas por ações positivas. Descobri que é benéfico lembrar-se de que, ainda que não esteja pronto para libertar-se da raiva que sente por alguém, só de dar aquele primeiro passo positivo pode incentivar você a ter a mentalidade que vai colocá-lo no caminho do perdão duradouro.

Em 2019, o filho de Scarlett, J.T., anunciou sua candidatura ao cargo de senador estadual de Connecticut para honrar seu irmão, Jesse, e para focar em políticas de segurança escolar.

DeVon Franklin

Largando o Fardo

"Devemos desenvolver e manter a capacidade de perdoar. Quem não tem o poder de perdoar é desprovido do poder de amar."

—*Martin Luther King Jr.*

Embora DeVon Franklin tenha se tornado produtor, orador, autor *best-seller* e palestrante motivacional de grande sucesso, ele também teve dificuldades para aprender e entender o processo do perdão. Ele já precisou perdoar sua família e seus amigos. Acima de tudo, mudar sua forma de ver o relacionamento conturbado com seu pai o ajudou a ficar mais forte do que nunca.

Sua jornada com o perdão começou quando seu pai, que lutava contra o alcoolismo, morreu quando DeVon tinha 9 anos. Ele cresceu sentindo muita raiva de seu pai por vários motivos, mas principalmente por, na maior parte de suas lembranças, ele estar embriagado. Ainda que seu pai nunca tenha sido fisicamente agressivo com ele, DeVon lembra-se de ele ter sido um bêbado agressivo. A bebedeira constante e o estilo de vida nocivo contribuíram para o ataque cardíaco súbito aos 36 anos, e sua ausência deixou DeVon com uma profunda sensação de vazio. Ele sentia que seu pai não o "preparou para a vida", o que o encheu de raiva.

Incapaz de processar essa raiva, DeVon a direcionou para a única figura de autoridade que lhe restava: sua mãe. Quando ela não comparecia aos jogos de basquete ou aos eventos da escola, ele ficava ainda mais bravo. Foi só mais tarde que ele entendeu que sua mãe faltava aos eventos porque estava trabalhando para sustentar a família enquanto mãe solteira. "Eu costumava ter muito ressentimento por isso, e foi só na faculdade que comecei a perceber que ela fez o melhor que pôde — e até meu pai fez o melhor que pôde. Às vezes, o perdão funciona assim: você guarda rancor de alguém e a pessoa nem sabe o que fez. E minha mãe nunca fez nada errado, mas, na minha adolescência, eu nunca entendi o sacrifício que ela fazia." Foi só mais tarde, quando entendeu por que sua mãe era tão ausente, que ele conseguiu perdoá-la e libertar-se do ressentimento que sentia por ela. Ele também conseguiu libertar-se da raiva que sentia por seu pai — uma raiva que ele percebeu que não lhe servia. Como DeVon me disse, "Não importa quanta raiva eu possa sentir, não importa se estou chateado, a realidade é que ele se foi. Eu ainda estou aqui."

Saber que precisava libertar-se da raiva que sentia por seus pais permitiu que DeVon começasse a se curar. Ele não queria que a amargura que sentia por seu pai o enchesse de ódio ou o levasse ao alcoolismo. "Isso exigiu que eu oferecesse o perdão e dissesse 'Eu só preciso me desapegar. Deixa eu achar algo pelo que ser grato'. Eu sou grato por ele ter me dado a vida. Sou grato por ter algumas lembranças dele." Foi mudar sua perspectiva e perceber ao que era grato, que permitiu que ele se libertasse da raiva que mantinha por seu pai. Reconhecer todos os sacrifícios que sua mãe fez por ele permitiu que DeVon também se libertasse do ressentimento, e permitiu que eles sejam próximos hoje. "Agora nós temos um relacionamento incrível, mas isso só foi possível quando me libertei do fardo que carregava. E não foi fácil, porque às vezes encontramos conforto na raiva, na frustração, na amargura que vem de não perdoar. Ser capaz de processar isso, perdoar e dizer 'Está tudo bem, está tudo bem'. Ela fez o melhor que pôde e, na verdade, ele também. Perceber isso foi catártico — foi muito poderoso e libertador."

O processo de cura de DeVon começou quando ele percebeu que mantinha uma distância que o impedia de aproveitar tudo o que queria em seus relacionamentos, porque ele temia a vulnerabilidade. Ele permitia-se ser próximo de alguém, mas só até certo ponto. Perder seu pai tão cedo lhe ensinou a tática de sobrevivência de desligar-se de suas emoções e de sua capacidade de se sentir vulnerável. A tristeza que sentiu ao perder seu pai era algo que ele nunca mais queria sentir, então ele se fechou à verdadeira intimidade. Foi só quando conheceu sua futura esposa que ele se permitiu libertar-se de sua raiva e ficar vulnerável, a fim de fazer o relacionamento funcionar. "Acho que, às vezes, há um equívoco sobre o perdão. Às vezes, as pessoas pensam 'Ah, certo. Sabe de uma coisa? Eu perdoo — e de repente, a mágoa passou magicamente'. Bem, não é assim. Então eu perdoei meu pai, mas isso não significava que não estava mais me fechando. Não significava que não tinha mais medo de ficar vulnerável. Havia, ainda, um impacto residual desse perdão que eu precisava processar e entender."

Ser capaz de humanizar seu pai durante o processo de cura ajudou DeVon a garantir que não seguiria carregando sua raiva. Descobrir que o alcoolismo de seu pai originou-se do fato de o pai, a mãe e os irmãos dele também sofrerem com o alcoolismo permitiu que DeVon colocasse as coisas em perspectiva e sentisse empatia pelo vício de seu pai.

Embora DeVon tenha perdoado a fraqueza de seu pai, ele nunca a esquecerá. "Quando algo traumático acontece conosco, nós podemos perdoar a pessoa ou as circunstâncias, mas nunca esquecemos. Nunca esquecemos. Por quê? Porque fica sempre com a gente." Conseguir reconhecer a mágoa é o primeiro passo, e o mais importante, mas não esquecer é igualmente importante. "Acho que o poder do perdão pode ser encontrando no não esquecer o que aconteceu, mas sem permitir que tenha um impacto duradouro em nossa vida, tanto quanto possível." Ainda que alguns ferimentos possam ecoar mais do que outros, o desafio é certificar-se de carregar uma mensagem positiva.

Dar-nos o tempo necessário para processar a mágoa também é crucial; precisamos ser gentis com nós mesmos. DeVon explica: "Ninguém deve se sentir pressionado a perdoar antes de estar pronto." Ele ressalta que, em determinadas comunidades, há a expectativa de que, depois de um incidente, você vá rapidamente para o processo do perdão. Isso pode ser prejudicial se ainda estiver sentindo profundamente a dor. Ele usa a analogia de ser atropelado por um carro e alguém mandar você se levantar e andar imediatamente — mas não consegue fazer o que não está pronto para fazer. Usar todo o tempo necessário para chegar ao processo é crucial. "Mas não significa que você deve enrolar; frequentemente, sinto que não somos muito compreensivos com a pessoa que precisa perdoar. Se eu fui ofendido, sou eu quem tem que perdoar; sou eu quem tem que se sentir pronto. E não tem problema se às vezes não estivermos prontos. Não tem problema dizer 'Sabe de uma coisa? Eu ainda estou ressentido. Ainda estou um pouco chateado. E eu sei que preciso lidar com isso, mas por ora é o que tenho que sentir'. Todos precisam se sentir espiritualmente prontos quando estiverem prontos para perdoar." Nós frequentemente nos esquecemos da importância de sermos gentis com nós mesmos — e com os outros — durante o processo de cura. O objetivo é alcançar o perdão, mas "é importante não dar um limite de tempo, nem pressionar alguém se a pessoa ainda não estiver pronta".

Gostemos ou não, frequentemente é o fato de a pessoa que nos feriu ter seguido em frente que nos faz perceber que nós não seguimos. "O desafio de não oferecer o perdão", DeVon diz, "é que muitas vezes a pessoa que ofendeu seguiu com sua vida, pro bem ou pro mal. Mas quem foi ofendido prende-se à dor de formas que podem ser seriamente prejudiciais para o resto de sua vida." Uma das consequências mais nocivas de prender-se à dor é que carregamos essa responsabilidade e esse fardo conosco até acharmos um lugar para deixá-los. "Um dos desafios do perdão é que, quando eu me prendo ao ressentimento, sou eu que carrego o peso. Então, ainda que ninguém deva ser apressado, é muito importante perdoar tão logo seja possível."

O tempo e a experiência deram a DeVon um vasto entendimento do perdão. "Se eu perdoo, isso significa que preciso estar vulnerável, porque preciso admitir que algo me ofendeu. Todos têm um processo. O perdão é complicado. Leva tempo. Entretanto, isso não me impede de incentivar as pessoas a perdoarem, mas me impede de julgá-las se não perdoarem."

O perdão é um processo que não pode ser apressado. Houve momentos na minha própria vida em que perdoei rápido demais, tentando deixar um incidente doloroso para trás. Esses incidentes sempre deixaram um gosto amargo em minha boca, mostrando-me que eu não estava pronta para perdoar. O conceito de perdoar e não esquecer pode parecer negativo — como se você não tivesse seguido em frente de verdade. Mas lembrar-se daquilo que perdoou é, na verdade, uma ótima forma de aprender com o passado, na esperança de evitar que o incidente se repita no futuro.

Ao ser paciente consigo mesmo e perdoar seu pai completamente, DeVon conseguiu quebrar o ciclo de vício e negligência de várias gerações. Como ele disse tão lindamente, chegar ao perdão dá trabalho — frequentemente um trabalho doloroso, um trabalho que preferimos evitar. Mas, se não confrontarmos nossa dor sem pressa, nunca nos livraremos dela.

Mark Rozzi

Fé Traída

"Perdoar é desistir da esperança de que o passado poderia ter sido diferente. É aceitar o passado como o que foi e usar o aqui e o agora para ajudar-se a seguir em frente."

—*Oprah Winfrey*

Mark Rozzi cresceu em uma pequena cidade da Pensilvânia. Ele frequentou uma escola Católica particular, assim como a maioria das crianças da sua vizinhança ítalo-americana. Quando estava na sétima série, lembra-se de ter ficado sabendo que a escola receberia um novo sacerdote carismático, o padre Graff. Mark sabia que, quando chegasse à oitava série, estaria a serviço do padre Graff na igreja. Lembra-se vividamente de sua primeira interação com o clérigo. Ele estava sentado na igreja com seus colegas de sala em uma manhã de sexta-feira, quando o padre Graff rezava a missa. No meio da celebração, Mark lembra-se de o padre estar caminhado pela coxia e, de repente, gritar com alguém. Ele ficou chocado, pensando que a pessoa com quem o religioso gritava deveria ter feito algo terrivelmente errado. Então, o padre Graff virou-se, caminhou até a fileira de Mark e começou a gritar com ele. Ele sentiu-se humilhado e confuso quanto ao que poderia ter feito para merecer esse tratamento. Tinha ficado quieto durante toda a missa.

Quando a celebração chegou ao fim, Mark lembra-se de seu professor ter lhe dito que deveria ficar para conversar com o padre Graff sobre o que tinha feito. "Eu me lembro de ter ido até o altar. Ele passou o braço ao redor dos meus ombros e disse que ficaria tudo bem. Foi um momento digno do livro *O Médico e o Monstro*." O padre Graff disse a Mark que o ajudaria a encontrar o caminho correto — ele só precisava prestar atenção ao que lhe fosse dito e tudo ficaria bem. "Eu não queria desapontá-lo. Queria mostrar para ele que eu era um bom garoto. Mas é o que digo a todos — foi nesse dia que ele me prendeu. Foi o dia que meu aliciamento começou." Mark logo ficou a serviço do padre. Lembra-se de ter ido a vários lugares com ele. Como Graff gostava de apostar em cavalos, às vezes ele o levava para comprar revistas sobre turfe, outras vezes iam à pista de corrida Penn National, onde o padre "tirava o colarinho e virava o tio Eddie."

Lembra-se da primeira vez em que o padre deixou de ser um presbítero da igreja e transformou-se completamente em um predador. O padre Graff voltava com Mark de uma de suas saídas quando o convidou para ir à sua residência, no segundo andar do presbitério. O padre sentou Mark em um sofá e perguntou se ele queria uma cerveja, prometendo não contar a ninguém. A cerveja levou a vídeos pornográficos e, por fim, o padre levou Mark para o quarto dos fundos, onde lhe mostrou mais pornografia. Depois, ele tirou a calça de Mark, mediu seu pênis e tirou fotos dele nu. "Ele anotava os números para acompanhar meu crescimento. É claro, ele começou a me acariciar e a mexer em mim. E isso aconteceu algumas vezes, sob a desculpa de 'educar'." Pouco depois, Mark descobriu uma gaveta no quarto de Graff cheia de "polaroides de vários amigos meus — várias fotos de meninos nus".

Mark lembra-se vividamente do seu último encontro com o padre Graff. Em um sábado, ele e seu amigo Tom estavam a serviço da missa. Depois, Graff mandou os dois meninos para seus aposentos. Eles obedeceram. O padre Graff deu cerveja a eles, assistiu a pornografia e então levou os dois ao quarto — primeiro, um de cada vez; depois, os dois juntos — para fotografá-los nus. Por fim, Graff mandou Mark ficar no quarto e Tom voltar para a sala. Mark recorda: "Eu lembro que ele me perguntou se eu conhecia as posições sexuais. Começou a me colocar em várias posições e acabou forçando a do 69. Aí, ele começou a fazer sexo oral em mim e queria que eu retribuísse." Quando Mark recusou, o padre ficou agressivo. Ele o arrastou até o chuveiro. Começou a tocar Mark e a estuprá-lo. "Eu me lembro de ter me concentrado num dos azulejos da parede e ter ficado olhando só para ele, e soube que tinha duas opções: podia ficar lá e aceitar o que acontecia ou podia fugir. E naquele segundo, eu escolhi ir embora." Mark e Tom saíram correndo do quarto o mais rápido possível. Enquanto fugiam, o padre Graff gritou com eles, mandando-os ficar de boca fechada.

Mark chegou em casa sem ar e aterrorizado. Sua mãe perguntou o que tinha acontecido, mas ele recusou-se a contar. Ela o levou ao escritório do diretor no dia seguinte, tentando descobrir o que tinha acontecido na missa de sábado para deixá-lo perturbado. Mark disse ao diretor apenas que o padre Graff tinha mostrado suas partes íntimas. A polícia não foi chamada. "E, a partir de então, eu só rezava para que ninguém falasse disso. Eu fui humilhado. Nem entendia o que tinha acontecido. Tudo o que eu sei é que, depois, sempre que eu me deitava, era só nisso que eu conseguia pensar. Cada detalhe, repetidas vezes." Em 1988, três anos depois do último abuso, a igreja enviou o padre Graff a uma clínica de reabilitação de abuso sexual, no Novo México. De lá, ele foi para outras dioceses, onde continuou a abusar de crianças, até finalmente ser preso. Mais tarde, o padre morreu na prisão em decorrência de um acidente.

Mark ficou em silêncio sobre o que viveu naquela tarde de sábado até 26 de março de 2009, quando Artie, seu segundo amigo de infância a ser abusado pelo padre Graff, cometeu suicídio. Mark se afundou em uma depressão severa, quase sem conseguir sair da cama. Ele até pensou em se suicidar. Sua então esposa percebeu o que estava acontecendo e lhe disse "Você tem uma escolha a fazer. Ou você vai morrer, ou vai lutar". Então Mark foi ao jornal local para contar sua história.

Quando a história foi publicada, ele ficou surpreso com as reações: dezenas de ex-alunos da sua escola se pronunciaram e admitiram ter sofrido abusos parecidos. "Depois do terceiro artigo, já tínhamos mais de quarenta ex-alunos da escola que admitiram ter sofrido algum tipo de abuso, fosse do padre Graff, fosse do padre Shigo." Ele percebeu que, ao assumir o que tinha acontecido, não estava curando apenas a si mesmo, mas também ajudava outras pessoas que passavam por algo parecido. "Para mim, foi um processo de cura em que senti que voltei a ter valor, que eu podia ajudar as pessoas a se curarem. Não estava mais preocupado em me curar. Eu não era mais a prioridade." Ao ver a reação de seus colegas de classe, Mark ficou inspirado a procurar seu deputado na Câmara de Deputados da Pensilvânia, Dante Santoni. Ele queria fazer a diferença. O deputado Santoni marcou uma reunião para Mark com seu colega, o deputado Tom Caltagirone, o então presidente dos Democratas do Comitê Judiciário. Ao entrar no escritório do deputado, Mark viu fotos de papas e padres penduradas na parede. Ele sentiu que a conversa não acabaria bem, e estava certo. "Eu me lembro de sair de seu escritório e pegar o elevador. Era o deputado Santoni que me mantinha em pé, com a minha esposa do outro lado. Ouvir que não tinha chance — porque o crime prescreveu cinco anos depois do estupro e não havia recurso no foro cível, acreditar que nada poderia ser feito — foi devastador."

O processo de perdão demorou um longo tempo. Mark lembra-se vividamente do momento em que perdoou o que o padre Graff fez. "Eu me lembro da minha filha viajar para jogar softbol por toda a costa leste, e minha irmã me deu um livro chamado *A Cabana*." (*A Cabana*, de William P. Young, é um livro sobre o sequestro e morte de uma garota e a batalha de seu pai para entender sua morte.) "Foi uma época difícil para mim. Lembro-me de estar sentado no campo externo, sozinho, e simplesmente comecei a chorar copiosamente. Eu pensava 'Sabe de uma coisa? Eu posso perdoar o padre Graff.'" Ao livrar-se da raiva que carregava, Mark passou a ter esperança de que a vida podia, de fato, melhorar. Foi então que ele permitiu-se deixar a raiva e passar a sentir compaixão pelo padre. "Eu estava odiando Deus, a religião e tudo que tinha a ver com a igreja. Tentei me afastar um pouco e pensar no que tinha acontecido com ele. Talvez ele tenha sido abusado quando era jovem. Talvez ele tenha sido abusado na igreja. Ele abusou de mim, sim, mas o único motivo para ter conseguido é que os bispos permitiram que acontecesse." Mark pensou em toda a história do abuso que Graff cometeu. Então, pensou na culpa e na raiva que tinha direcionado ao padre por tanto tempo e as redirecionou ao sistema que permitiu que o abuso acontecesse. Foi então que ele decidiu perdoar. "Eu pensei 'Sabe de uma coisa? Não vou me prender a essa raiva e a essa dor'. Pensei de novo nos bispos, na hierarquia da igreja e foi para lá que decidi levar minha raiva. Porque foram eles que permitiram que acontecesse, e eu nunca vou perdoá-los pelo que sabiam, pelo que fizeram." Ainda incapaz de perdoar o alto escalão da Igreja Católica, Mark usava sua raiva como incentivo em sua luta pelas vítimas de abuso sexual.

O momento que Mark viveu no campo do jogo de softbol de sua filha, foi o momento de perdão que o salvou. "Eu não tive escolha, porque minha família estava sofrendo. Estávamos dirigindo e, do nada, eu comecei a chorar, e minha filha queria saber qual era o problema. Por que eu estava chateado? Estava passando por tantos problemas e dificuldades, e isso estava acabando comigo." Depois de terminar de ler o livro que sua irmã lhe deu, o perdão transbordou, não apenas pelo padre Graff, mas também pela raiva que sentia de Deus. "Deus não foi o responsável pelo que aconteceu comigo. Deus não é a igreja, e a igreja não é Deus. Não sei qual era a situação desse homem. Talvez ele tenha ficado preso em algo sem nunca conseguir se libertar e acabou tendo problemas." Depois de sua história ter sido publicada no jornal local, Mark lembra-se de estar indo à igreja uma manhã quando o monsenhor abordou sua família na porta, proibindo-os de entrar. Desde então, as duas vezes em que Mark entrou na igreja católica foram para enterrar dois amigos de infância — os dois foram abusados pelo padre Graff e se suicidaram.

Libertar-se da raiva que sentia pelo padre Graff fez Mark sentir-se leve. "Foi um peso enorme que saiu dos meus ombros, porque eu estava muito determinado, tentando procurar artigos e tentando ler tudo que eu pudesse, passando horas da noite revivendo tudo na minha cabeça. Era só me desapegar. E entender que não foi minha culpa, nem que foi algo que eu causei. Foi tudo ele." Conseguir recuperar o controle foi um verdadeiro ato de perdão para Mark. "Para mim, o verdadeiro perdão não são apenas palavras, é claro, mas é olhar para o meu coração e ter aquela sensação de que consigo dizer 'Tudo bem'. Seja lá o que fizeram comigo não me define." Ele diz que o perdão não foi apenas por seu "eu" atual, mas também por seu "eu" mais jovem. Ele finalmente conseguiu se libertar. Por fim conseguiu se responsabilizar por suas próprias ações, e não atribuir a culpa de suas escolhas ou experiências no presente ao abuso que sofreu havia tanto tempo.

Em 2011, Mark recebeu uma ligação do deputado Santoni, que lhe disse que planejava se aposentar e sabia como esse era um trabalho importante para Mark. O legislador disse que, se quisesse uma oportunidade para entrar na política, o momento era aquele. Então Mark decidiu concorrer à eleição primária de 2012 para o cargo de Santoni, representando o 126º Distrito da Câmara de Deputados da Pensilvânia. Durante sua campanha, Mark foi de porta em porta, tentando conseguir o apoio da população. "Eu começava a contar minha história e tantas pessoas começaram a chorar do outro lado da porta. Mulheres e homens me contavam o que nunca tinham contado a mais ninguém. Era inacreditável. E até alguns dos homens que não queriam falar sobre isso diziam 'Por favor, lute. Não sou tão forte quanto você. Nunca vou conseguir falar sobre isso, mas você tem meu voto.'" Ouvir esse tipo de retorno da comunidade deixou Mark ainda mais determinado. Ele descobriu que, no estado da Pensilvânia, "uma de cada quatro garotas e um de cada seis garotos são sexualmente abusados antes dos dezoito anos. E a pior parte é que só um de cada nove conta". A campanha de Mark foi impulsionada, e ele ganhou as eleições primárias com quase 70% dos votos. Ele venceu as eleições gerais em novembro de 2012, e tomou posse em 1º de janeiro de 2013.

Em 2016, Mark foi à tribuna da Câmara dos Deputados da Pensilvânia e fez um discurso emocionado, pedindo o apoio de seus colegas na aprovação de um projeto de lei que eliminaria a prescrição nos casos de abuso sexual infantil. O projeto foi aprovado com a maioria dos votos e enviado para o Senado, onde a previsão da retroatividade foi removida, acabando com o projeto. Uma legislação parecida foi aprovada na Câmara em 2018, mas, até o lançamento deste livro[1], os senadores republicanos continuam a impedir a sua aprovação. Um dos problemas é a constitucionalidade da retroatividade com a extinção da prescrição em crimes de abuso sexual infantil. Felizmente, parece existir um apoio amplo para a eliminação da prescrição para as futuras vítimas.

---

[1] Nota da Editora: Data da primeira publicação do livro, em inglês, ocorrida em 10 de março de 2020.

Para Mark, a luta pelos direitos das vítimas de abuso sexual nunca deixará de ser uma prioridade. "É quase parte da minha identidade, e acho que será a luta de uma vida toda. Não acaba com essa legislação. Mesmo que ela seja aprovada, as crianças ainda serão abusadas. Precisamos ter políticas para essas crianças, para que tenhamos as ferramentas corretas para ajudá-las a se curarem mais cedo e a identificar o abusador a fim de evitar mais abusos." Mark nunca poderá apagar as lembranças do abuso que sofreu, mas ele encontrou uma forma de perdoar seu abusador e restaurar sua paz interior. E a raiva que sente pela igreja continua a inspirar sua cruzada para garantir que tais abusos nunca mais sejam tolerados.

Eu venho de uma enorme família de católicos praticantes. Quando as histórias de abusos eram publicadas nos jornais, eu precisava de um momento para processá-las e entender como me sentia ao continuar sendo parte da Igreja Católica a partir dali. Sendo católica e um ser humano, eu nunca quero ser parte de qualquer coisa que compactue com o abuso de qualquer pessoa, especialmente de crianças. O monsenhor da igreja que eu frequentei em Santa Mônica falou sobre esse assunto em uma missa. Ele falou sobre a dificuldade de entender as notícias que tratavam de tantas igrejas e deixou claro que nem ele, nem sua paróquia toleravam qualquer forma de abuso. Para mim, em particular, quando penso em ser parte da Igreja Católica, penso especificamente na minha paróquia, naquela em que cresci, em que fui batizada, aquela que frequentei e ainda frequento. Ela é receptiva, acolhedora, faz um trabalho e tanto para a comunidade e é um bom lugar. Dito isso, as más ações podem acontecer até mesmo em boas organizações, e os culpados devem ser responsabilizados por suas ações. Eu torço para que a Igreja Católica se esforce mais para mudar e crescer, especialmente em assuntos como o aumento da participação das mulheres, a aceitação do divórcio e da homossexualidade e a eliminação do abuso.

Eu sabia que ouvir a história de Mark seria difícil. Mas acredito que aqueles que fazem parte da Igreja Católica têm uma obrigação maior de ouvir essas histórias, testemunhá-las, para que nunca mais aconteçam. Mark Rozzi não é um inimigo da igreja, ele é um reformista e merece a gratidão e o apoio de todos aqueles que acreditam na santidade da fé católica.

Michelle LeClair

Libertar-se para Encontrar o Amor

"Através do perdão, você pode deixar de sofrer pelos pecados cometidos contra você."
—*Bryant McGill*

Michelle LeClair é uma mulher de grande força e resiliência. Na adolescência, ela esteve em um acidente de carro quase fatal que a deixou ansiando por uma presença espiritual em sua vida. Ela procurou sua mãe, que era um membro ativo da Igreja da Cientologia. Ao encontrar-se com um sacerdote pouco depois de seu acidente, ela mesma virou um membro dedicado da igreja.

No começo de sua introdução, Michelle participou de uma série de conversas com um mentor indicado pela igreja, nas quais ela foi encorajada a falar abertamente sobre sua vida a fim de receber aconselhamento em retorno. Foi uma das coisas que a atraiu à cientologia: parecia ser uma comunidade receptiva e acolhedora. O mentor de Michelle perguntava sobre as pessoas em sua vida e se elas, também, teriam interesse de entrar para a igreja. Se a resposta fosse negativa, o mentor sugeria que ela precisava mudar seu ciclo social e evitar as pessoas que não defendiam o interesse da igreja. Foi durante uma dessas conversas que Michelle expressou a atração que sentia por outras mulheres, pensamentos que logo foram desencorajados por seu mentor.

O fundador da Igreja da Cientologia, L. Ron Hubbard, desaprovava a homossexualidade, dizendo que qualquer pessoa que tivesse sentimentos homossexuais devia ser considerada "psicologicamente doente". Ele considerava aqueles que sentiam atração pelo mesmo sexo "criminosos", "cruéis" e "desleais". Por ter confessado seus verdadeiros sentimentos, Michelle precisou abordar os membros da igreja — a maioria dos quais ela não conhecia — e "redimir-se" por seus pensamentos lésbicos, coletando suas assinaturas, como um pré-requisito para ser aceita de volta à igreja. Apesar de constrangedor, ela fez o que foi pedido.

Desesperada para ser aceita dentro da igreja, Michelle enterrou seus sentimentos por pessoas do mesmo sexo e casou-se com um aspirante a ator que ela convenceu a entrar para a igreja. Seu casamento logo ficou abusivo quando seu marido descobriu que a igreja sempre a culpava por qualquer dificuldade matrimonial. Ela tentou se divorciar dele no primeiro ano, mas não conseguiu. Em vez disso, seu marido sempre contava com a igreja para repreender Michelle por não "desempenhar seu papel de esposa". Seu marido logo descobriu que, através da humilhação, do uso da igreja e de abuso físico e mental, ele conseguia o que queria, e os abusos aumentaram com o tempo. A igreja sugeriu que eles se inscrevessem no caro aconselhamento matrimonial da Cientologia. Nessas sessões, a culpa costumava ser atribuída às mulheres, e Michelle frequentemente voltava para casa com instruções de desempenhar melhor seu papel de esposa.

Um dos atrativos que a igreja oferecia aos seus membros era a oportunidade de trabalhar com consultores empresariais. Esses consultores ajudaram Michelle com sua carreira e finanças. Em retorno, eles a incentivavam a dividir sua riqueza com a igreja por meio de doações. Logo, Michelle já estava administrando uma seguradora de sucesso. Publicamente, ela falava muito bem da igreja, levando novos convertidos e juntando uma pequena fortuna. Durante seus anos na igreja, ela doou muito mais de US$ 5 milhões.

Apesar da aparência de uma vida maravilhosa — sucesso financeiro, quatro filhos e um casamento feliz —, Michelle estava deprimida. Ela e o marido ainda frequentavam as sessões de aconselhamento. Foi nessas sessões que ela voltou a confessar que sentia atração pelo mesmo sexo e o desejo de terminar seu casamento de 14 anos. O divórcio foi desencorajado, e a igreja não aceitou bem o processo. Por fim, Michelle ameaçou suspender as próximas doações. No dia seguinte, ela teve permissão para conversar com um advogado e compor os documentos do divórcio que ela tanto queria.

Pouco tempo depois de seu divórcio, Michelle conheceu a renomada produtora musical Tena Clark. A amizade logo se transformou em um relacionamento apaixonado. Depois de viajarem juntas, Michelle recebeu uma ligação de seu antigo mentor da igreja, perguntando se ela estava tendo um caso com uma mulher. Na época, ela não teve a força necessária para admitir ter se apaixonado por Tena, por mais óbvio que fosse. Foi só em 2010, depois de 21 anos como cientologista, que Michelle finalmente juntou a coragem necessária para sair da igreja e viver livremente com a mulher que amava.

Mas sair da Igreja da Cientologia não foi fácil. Apesar do estigma, Michelle conseguiu escapar, junto de sua mãe. Assim que encerrou seu envolvimento, ela diz que a igreja começou a infernizar sua vida. Como ela relata, seu telefone e seu computador foram invadidos; ela notou carros estranhos estacionados em frente à sua casa; homens usando óculos escuros a seguindo no supermercado; e seus filhos foram seguidos até a escola. E isso foi apenas o começo dos seus problemas.

Um ano depois de sair da igreja, Michelle foi acusada pelo Estado da Califórnia de cometer um Esquema Ponzi (uma operação fraudulenta de investimento), resultando em uma batalha legal que durou por muitos anos. No fim, todas as acusações foram retiradas, mas ela precisou pagar vários milhões de dólares em honorários advocatícios, e muito mais para os clientes que perderam dinheiro.

Depois de uma experiência tão extenuante, parecia que Michelle tinha muitas pessoas a perdoar. Mas a pessoa que ela mais precisava perdoar era ela mesma. Ela sabia que tinha uma parcela da culpa ao se permitir ser atraída pela cientologia, por ter se casado com um homem que nunca amou, por investir em um empresário em quem nunca deveria ter confiado — por permitir-se ser usada por um grupo de pessoas que a manipulou e coagiu por meio de bajulação e intimidação. Elas a convenceram a seguir o caminho delas e a abandonar o próprio. Ela colocou "o ego à frente do coração" e sua ambição à frente de sua consciência. Deu mais importância à sua reputação do que aos seus desejos. Cometeu esses erros quando era uma mulher jovem, ávida por aprovação e sucesso. Nós todos cometemos erros em nossa juventude — tentados a fazer coisas das quais nos arrependeremos mais tarde —, mas são poucos os que pagam tão alto por seus equívocos. Perdoar-se era o caminho à redenção para Michelle.

Quando conversei com ela sobre sua definição de perdão, ela hesitou. E quando perguntei se ela tinha conseguido perdoar a Igreja da Cientologia pelo que a fez passar, ela disse "Se pudermos dizer que a definição do perdão é libertar-se, então, sim, eu perdoei. Não acredito que o ato de dizer 'eu te perdoo' significa dizer que o que eles fizeram está certo. Simplesmente não tenho mais sentimentos em relação a isso e libertei minha vida completamente. Porque essa dor não machuca ninguém além de mim, minha família e meus relacionamentos." Para Michelle, ficar brava com a igreja não mudaria nada, então, ela fez o que era melhor para si e libertou-se da raiva.

Mas é mais fácil falar do que fazer, especialmente quando temos tantas dificuldades quanto ela. É por isso que, para Michelle, perdoar é como um "músculo que precisa ser desenvolvido". O músculo pode ser fraco no começo, mas, com o tempo, ele pode se fortalecer. Uma das coisas mais importantes da qual ela precisa sempre se lembrar é de escolher o amor em vez do ódio.

Frequentemente, achamos que já fizemos todo o necessário para perdoar, apenas para nos depararmos com um incidente que nos lembra de que temos mais uma coisa para fazer. Em um momento, Michelle percebeu que não tinha realmente perdoado a si mesma, por isso precisou recomeçar. Como ela diz, "Em vez de me ajoelhar e rezar, dessa vez eu me abaixei tanto quanto meu corpo aguentou. E implorei por perdão, e as palavras que me ocorreram, o sentimento que me tomou foi: 'Eu a perdoei há muito tempo. É *você* que precisa se perdoar.' Uma sensação da mais pura calma passou por mim — de que minha vida se transformou naquele exato momento."

Michelle estava cercada por sua família e amigos, que a ajudaram durante o processo não apenas de perdoar a si mesma, mas também de libertar-se dos sentimentos negativos pelos envolvidos. Tais sentimentos já não tinham um propósito em sua vida. "Eu posso honestamente dizer que o ressentimento, a dor e o ódio me deixaram naquele momento." Para ela, o perdão foi uma ferramenta que permitiu que deixasse o trauma no passado e ficasse aberta às oportunidades por vir.

Quando comecei a entrevistar Michelle, achei que ela focaria apenas em perdoar a igreja por todo o abuso que aguentou. Fiquei surpresa ao descobrir que seu perdão era direcionado principalmente a si mesma. Para mim, a jornada dela realça a importância de aceitar a responsabilidade de nossas próprias escolhas, mesmo quando elas tenham nos levado a amargas dificuldades fora de nosso controle. Libertar-se não significou que Michelle concordava com a forma como foi tratada; ela percebeu que nunca receberia um pedido de desculpas da Igreja da Cientologia nem seria capaz de justificar o comportamento deles. A fim de viver sua vida honestamente, Michelle percebeu que era ela quem precisava ditar seus próprios termos e encontrar a coragem de se afastar da instituição que a reprimia. Eu vou pensar nessa lição — seja em relação a uma instituição, uma situação, uma pessoa ou qualquer outra coisa — ao procurar viver a minha própria vida honestamente.

Sue Klebold

Um Filho Corrompido

"Há algo de bom naquilo que temos de pior e há algo de ruim naquilo que temos de melhor. Quando percebemos isso, sentimo-nos menos inclinados a odiar os nossos inimigos."

—*Martin Luther King Jr.*

Em 20 de abril de 1999, dois adolescentes, Eric Harris e Dylan Klebold, entraram na Columbine High School em Littleton, Colorado, carregando armas poderosas, e abriram fogo, assassinando 12 alunos e um professor, e ferindo mais outras 12 pessoas. Depois de trocar tiros com a polícia, os dois se suicidaram na biblioteca da escola, deixando o mundo e suas famílias em choque, com muitas perguntas sem respostas. Embora o objetivo declarado fosse o bombardeio da escola, que seria comparável ao Atentado de Oklahoma City em 1995, o motivo para os garotos matarem tantas pessoas inocentes era desconhecido e é um mistério até hoje. Tragicamente, o Massacre de Columbine acabou virando a base para muitos tiroteios que aconteceram desde então.

Dylan Klebold, que dizem ter sofrido de depressão, escreveu em seu diário que a ideia de se matar era sua esperança de fugir dos pensamentos sombrios. Sua mãe, Sue Klebold, não sabia dos sentimentos de seu filho. O ato final de Dylan mostrou a Sue como ela desconhecia os tormentos internos dele. Esse evento terrível fez com que a cidade de Littleton e o resto do mundo culpassem os pais dos meninos, questionando que tipo de pessoas permitia que isso acontecesse. Sue ficou com as mesmas perguntas ao refletir sobre seu papel como mãe. Ela sempre considerou a maternidade o papel mais importante em sua vida, do qual se orgulhava. De repente, ela sentiu como se estivesse sendo julgada. "O mundo todo nos responsabilizou. O nosso governador foi a uma rede nacional de televisão dizer que era culpa dos pais." O que o mundo não considerou foi que, enquanto Sue aguentava o ódio de todos, ela também sofria pela perda do filho, a quem amava profundamente.

Enfrentar a perda devastadora de tantas pessoas inocentes e a do próprio filho foi, e ainda é, um processo angustiante para Sue. No momento em que descobriu o que seu filho fez, ela questionou como era possível que o menino que achou conhecer tão bem tivesse cometido um ato tão horrível. "Eu não conseguia entender como Dylan pôde participar disso. Nenhuma das pessoas que o conheciam e o amavam achava que ele seria capaz de qualquer ato de violência, porque ele não era um garoto violento. Ele era uma pessoa gentil, meio pacifista. Nós pensamos 'Bem, talvez tenha sido algum tipo de pegadinha que deu errado, ou ele sofreu lavagem cerebral e não queria estar lá'. Nós realmente acreditávamos nesse tipo de coisa, até o relatório da polícia ser publicado seis meses depois."

Os sentimentos de perda, confusão e choque que Sue tinha mudaram quando ouviu a versão da polícia. Ela estivera em negação. Isso mudou quando começou a entender como as pessoas da sua comunidade, e do mundo todo, viam seu filho. "Eu finalmente vi a pessoa que todos viam, e foi nesse momento que eu quase o odiei. Até aquele momento, eu sentia compaixão, como se algo tivesse dado errado, como se ele não quisesse estar lá, como se não tivesse sido planejado, que tinha sido algo espontâneo. Eu acreditei em tudo, menos na verdade, porque não era algo que conseguia aceitar. Quando vi a apresentação do xerife e o vídeo que os meninos gravaram, tão cheios de pose, raiva e desprezo — eles foram tão horríveis, com tanto sangue frio —, foi nesse momento que acho que realmente senti raiva de Dylan. Porque eu percebi que ele expressava a raiva que sentia pelo mundo, pelas pessoas que conhecia, pela família. Ele estava tomado pelo desdém. Eu nunca vi nada assim."

Chocada com o ódio devastador de seu filho e com sua avidez para interromper tantas vidas inocentes, Sue sentia que as ações dele eram imperdoáveis. Mas, no fim, seu papel como mãe permitiu que ela superasse sua raiva e buscasse uma compreensão mais profunda das dificuldades de

Dylan. "O meu amor materno por ele apagou completamente qualquer raiva que eu sentia. Não consegui manter a raiva quando meu coração estava partido e sentia tanta saudade dele. Às vezes, as pessoas odeiam os entes queridos que cometem atos violentos e os culpam por anos. Não foi assim para mim. Eu concluí que ele deveria estar em um momento terrível para se transformar na pessoa que vi, e era meu trabalho como sua mãe tentar descobrir como ele chegou nesse momento — e que momento era esse."

Sue descobriu que seu filho vinha tendo pensamentos suicidas. Foi "sua própria mente, sua própria distorção, seu próprio sentimento que o colocou naquele momento". Descobrir o sofrimento que ele sentia permitiu que ela se libertasse da dor ao buscar respostas. "Não consigo usar a palavra 'perdão' — acho que a palavra que eu usaria é 'compreensão'. Assim que tentamos entender por que alguém fez algo, a necessidade de perdoar vai embora. Se você tem empatia, não há necessidade de perdoar, porque você entende, você está vendo o mundo pelos olhos dessa pessoa, está pensando como ela, e o sentimento de culpa vai embora." Sue tenta ser gentil consigo mesma, não se culpar por não conhecer os demônios de seu filho, mas há algo que ela não consegue resolver. "Eu sei que o criei para ser amoroso, ter princípios e respeito ao próximo. Fiz tudo o que pude para passar esses aprendizados a ele, então, sinto que não coloquei esse tipo de ódio nele." Saber que fez todo o possível para criar um ser humano afetuoso a ajudou a lidar com sua dor e humilhação.

A situação de Sue e sua relação com o conceito de perdão pode ser difícil para os outros entenderem. Ainda que muitas pessoas possam sentir instintivamente raiva pelos pais de um atirador — culpando-os pelas ações de seus filhos —, ela explica que raiva e perdão são igualmente difíceis para ela aceitar dos outros. "Algo que sempre foi difícil para mim é quando alguém diz 'Eu te perdoo'. Fico na defensiva porque penso 'Pelo que está me perdoando?'. Fui a melhor mãe que pude ser. Eu não sabia pelo que meu filho estava passando. Se soubesse, teria feito qualquer coisa para evitar o que aconteceu. O perdão pode carregar um tipo de superioridade ou condescendência, ou até presunção. Quando falamos em perdoar os outros, temos de nos lembrar de que perdoar alguém nos deixa em uma posição em que nos sentimos superiores a outro ser humano. Nós falamos 'eu te perdoo' como se estivéssemos os presenteando com algo maravilhoso do qual deveriam ser merecedores."

Tem sido difícil para Sue tantas pessoas lhe oferecerem perdão. "Eu não quero ser perdoada, porque isso implica que fiz algo errado e que preciso ser perdoada. O que Dylan fez foi imperdoável. Meu trabalho com o perdão é centrado no meu relacionamento com ele. Se algum dia eu ficasse cara a cara com Dylan, a primeira coisa que eu diria a ele seria: 'Pode me perdoar? Pode me perdoar por não ter sido uma pessoa em quem você podia confiar? Por não ter sido sábia o bastante para saber que você estava sofrendo, saber as palavras certas a serem ditas, para saber como

A DÁDIVA DO PERDÃO

te ajudar?' Essa tem sido minha dificuldade, e concluí que, como uma mãe que perdeu o filho para o suicídio, nós nunca conseguiremos nos perdoar completamente."

Sue sabe que nunca superará o suicídio do filho e está convencida de que o perdão dele é o único que verdadeiramente importa. Em sua ausência, ela fica com os sentimentos de culpa e tristeza por não ter conseguido ser uma mãe melhor para ele, que precisava de ajuda desesperadamente. "Eu não conheço um único pai, mãe ou ente querido de alguém que se suicidou que tenha conseguido se perdoar completamente. Para nós, essa pessoa escolheu nos deixar. Até quando fizemos tudo que pudemos, e essa pessoa estava se tratando... e Dylan não estava. Ele não tinha nenhum tipo de diagnóstico. O trabalho realmente difícil é perdoar a nós mesmos." Quando alguém se aproxima de Sue para perdoá-la, ela se lembra: "O perdão é um presente que damos a nós mesmos. Se outros conseguem dar a si mesmos o presente de me perdoar, então, isso não diz respeito a mim, mas a eles. E é algo bom para eles. Entendo completamente essa necessidade."

Sue tem dificuldade para viver sem seu filho. "Eu concluí que nunca vou me perdoar de verdade. E tudo bem, afinal, por que eu me repreenderia por isso? Tenho várias coisas pelas quais me repreender. Aceito que me perdoar é algo que provavelmente nunca conseguirei fazer completamente. Mas o que tenho feito com esse sentimento é tentar transformá-lo em ação." Sue vive todos os dias na lembrança de Dylan, tentando aumentar a conscientização e ajudar outros pais que podem estar em uma situação parecida, na esperança de guiá-los a um resultado positivo. "Tento viver minha vida dedicada à memória de Dylan e tento pensar no que poderia tê-lo ajudado. É por isso que falo com as pessoas. Converso com pais, com professores, com os funcionários das escolas, com os policiais e digo 'Temos que entender algumas coisas sobre as pessoas que estão sofrendo e, no caso de Dylan, sobre as pessoas que estão furiosas e sofrendo ao mesmo tempo. É algo que pode deixá-las perigosas.'" O fato de Sue não ter conseguido perceber a depressão de seu filho e conseguir a ajuda de que ele precisava sempre vai assombrá-la.

No que diz respeito a viver uma vida sem raiva, Sue diz logo que nunca foi do tipo que carrega raiva e não se considera uma pessoa raivosa. Apesar de estar claro que deixou todos os sentimentos negativos para trás, ela não quer viver sem a lembrança de seu filho. Preservar sua memória é importante para ela. "Não quero ser livre dele. Não quero deixar tudo isso de lado, porque é o que me mantém perto de Dylan." É a ideia de que ela, ou qualquer outra pessoa, poderia ter evitado que seu filho se suicidasse e matasse tantos outros que faz Sue ter vontade de compartilhar seu conhecimento. "O que eu sinto é uma dor em meu coração, porque acredito que tragédias como essa podem ser evitadas. Eu realmente acredito que o suicídio pode ser evitado se tivermos as ferramentas certas, os recursos, e fizermos e falarmos as coisas certas quando alguém tiver uma crise. Eu não tinha esse conhecimento, mas, se tivesse, as coisas poderiam ter sido diferentes. Mas é saber que eu poderia ter ajudado alguém e não ajudei que me fez transformar esses sentimentos em ação e dizer a mim mesma 'Compartilhe essas ferramentas. Conte às pessoas o que queria ter sabido. Conte o que queria ter dito'."

Sue torce para que sua mensagem chegue às inúmeras pessoas que conviveram com um suicídio e que ajude outros a evitarem as perdas que ela e sua comunidade sofreram. "Tentar ajudar os outros é minha maneira de demonstrar amor para todos aqueles que foram mortos ou feridos, todos os minutos de todos os dias." É a lembrança de seu filho que permite que ela trabalhe pela conscientização e para informar quem possa estar na mesma situação. Ela torce para que, em algum lugar, Dylan sinta o amor de sua mãe — um amor que fica visível em tudo o que ela faz em seu nome. "Eu nunca vou me perdoar de verdade, porque nunca quero esquecer que há coisas que eu poderia ter feito. Não quero que se esqueçam de que nunca devemos parar de tentar ajudar. Se há alguma dádiva a ser encontrada em todos esses anos de dor, talvez seja uma maior empatia pela humanidade e maior entendimento das várias maneiras como a vida pode ser dolorosa."

Ainda que Sue fique desconfortável com a ideia de alguém a perdoar, ela também sabe muito bem que, se estivesse no lugar de uma família cujo filho foi morto, sentiria as mesmas coisas. "Eu sei que, se tivesse sido o contrário e meu filho tivesse sido morto pelo filho de um deles, eu certamente julgaria e sentiria raiva." Uma de suas maiores dificuldades foi a culpa que o governador e a nação colocaram nela depois do tiroteio. "Atribuir a culpa nunca promove a cura. Nunca. Então foi difícil aceitar e perdoar. Mas foi essa culpa que acendeu em mim a necessidade de informar, porque, se as pessoas foram ignorantes o bastante para acreditar em uma explicação tão simples, uma ação era necessária. Foi o que me fez levantar e dizer 'Espera aí, não foi por isso que aconteceu. E, se as pessoas acreditam que esse foi o motivo, elas estão se colocando em perigo'. Não gosto de ignorância e quero fazer tudo o que posso para erradicá-la."

Sue se distanciou das pessoas que a culparam pelo Massacre de Columbine. Apesar de não acreditar no conceito do perdão daqueles que a culpam pelas ações de seu filho, ela sabe que ter ressentimento é um desperdício de sua energia. "Eu não perdoo as pessoas. Não preciso perdoá-las. Acho que todo conceito de perdoar as pessoas é egocêntrico e egoísta. É por isso que é tão difícil ter essa conversa: porque eu entendo que perdoar uma pessoa não tem a ver com meu relacionamento com ela. Tem a ver com meu relacionamento comigo mesma. Estou disposta a me libertar da raiva, porque é o que vai me deixar mais feliz. É disso que se trata toda essa conversa sobre perdão. Não é entre você e a pessoa, é entre você e você mesmo." Em vez de usar a palavra "perdão", Sue prefere outras palavras, como "equilíbrio", "inclusão", "recuperação" e "empatia". Ela acredita que todos são iguais e que o ato de dizer a alguém que o perdoa cria uma desigualdade, dando a vantagem a quem perdoa.

Vinte anos depois do Massacre de Columbine — 20 anos depois de perder seu filho —, a coisa mais difícil para Sue é perdoar a si mesma. "Eu ainda acredito que o mais difícil é perdoar a nós mesmos. Nunca deixarei de aceitar a responsabilidade de que havia coisas que eu poderia ter feito para evitar essa tragédia, se eu ao menos houvesse sabido quais eram essas coisas." Ela sempre se arrependerá de não ter notado o desespero de seu filho e sempre carregará o fardo de não saber se poderia ter feito mais se conhecesse a dor dele. Antes de Dylan tirar a própria vida, Sue nunca tinha pensado muito sobre o perdão. Apesar de essa tragédia ter lhe dado um maior entendimento do processo, não abalou sua convicção de que perdoar alguém é um presente que você só pode dar a si mesmo. "Acho que mergulhei fundo no significado de perdão, mas não acho que isso mudou como me sinto."

Estou certa de que algumas pessoas que leram a história de Sue terão sentimentos conflitantes sobre a forma como ela vê o perdão. Alguns podem ler e concordar, enquanto o mesmo não acontecerá para outros, e tudo bem. Quando ouvimos histórias tão horríveis quanto essa, não paramos para pensar em como pode ser difícil para a família da pessoa que causou tanta dor. Em vez disso, pensamos nas vítimas que perderam a vida e em suas famílias, que de repente tinham uma nova realidade. É difícil imaginar o tipo de sofrimento pelo qual Sue passou nos últimos 20 anos. Assim como os pais que perderam seus filhos naquele dia trágico, ela ficou com um vazio terrível — um buraco onde, antes, o amor e a esperança pelo futuro ficavam guardados. Mas, enquanto os outros pais receberam compreensão, Sue recebeu raiva. Eu consigo entender por que o perdão dos outros pode parecer um consolo limitado a uma mãe forçada a carregar um fardo duplo de dor e culpa — dor pelo filho que ela tanto amou, e culpa por nunca ter notado sua dor e por não ter conseguido ajudá-lo a tempo.

Sue vê o perdão de uma forma como nunca encontrei antes. No começo, não consegui me identificar com sua perspectiva. Para ela, dizer "eu te perdoo" é como uma declaração cheia de condescendência, o que agora eu entendo. Não reajo da mesma forma ao ouvir essas palavras, então, a forma como vivi o perdão é diferente. Mas minha conversa com Sue provou ainda mais como o tópico do perdão é verdadeiramente complexo e multifacetado. O significado que tenho para o perdão pode ser completamente diferente do seu — e tudo bem. É apenas com compaixão e conversas honestas e receptivas que aprofundaremos nosso entendimento do perdão e adaptaremos nosso comportamento de acordo para que possamos crescer.

Todos os lucros que Sue Klebold recebeu com seu livro, O Acerto de Contas de uma Mãe, foram doados para organizações de saúde mental e para as pesquisas sobre prevenção ao suicídio.

Talinda Bennington

Um Amor Perdido

"Portanto devemos ser salvos pela maior forma de amor, que é o perdão."

—*Reinhold Niebuhr*

Em 20 de julho de 2017, o músico Chester Bennington, do Linkin Park, foi encontrado morto em sua casa em Palos Verdes, Califórnia, vítima de suicídio. Talinda, com quem Chester foi casado por 12 anos, os três filhos do casal e os três enteados lamentaram a perda e imaginaram o que poderiam ter feito para evitar a tragédia. Perder um ente querido para o suicídio deixa os sobreviventes com muitas emoções diferentes. Talinda diz: "O perdão foi um dos primeiros sentimentos, a primeira emoção com que eu me identifiquei, porque eu sabia que ele não estava bem." Ela conhecia a luta de seu marido contra a depressão e já tinha tentado ajudá-lo a controlar seus demônios. Ela esteve ao lado dele durante todos os altos e baixos. "Eu sabia que ele não queria nos magoar. Meu instinto me dizia que ele vivia um momento sombrio do qual não conseguiu sair dessa vez — não foi a primeira tentativa dele." Talinda conseguiu ser solidária com a depressão e suicídio de seu marido porque testemunhou a longa batalha que ele travou contra a doença. Ele fazia tratamento ambulatorial havia mais de seis meses antes de sua morte, trabalhava ativamente para se manter sóbrio e controlar sua depressão. "Achamos que ele estava bem; ele estava no auge. Ele tinha um álbum no topo dos mais vendidos. Ele falava bastante sobre esses pensamentos profundos e sombrios, o que faz parte da recuperação, por isso achamos que estava tudo bem."

Chester lidou com a depressão e o vício a vida toda. Por trás de sua personalidade pública, Talinda observou e amou seu marido durante sua batalha particular, o que foi o motivo de ela sentir tanta compaixão e tristeza depois de seu suicídio. Seus sentimentos estavam em contraste com os ataques públicos que precisou aguentar de alguns fãs de Chester, que a culpavam pela morte do marido. Alguns foram às redes sociais para acusá-la de não ter prestado mais atenção à saúde mental dele. Os ataques a deixaram magoada e ressentida com a escolha de seu marido de tirar a própria vida, forçando-a a carregar esse doloroso fardo sozinha. Ela lembra-se de ter perguntado em alguns momentos "Como você se atreveu a me deixar lidar com tudo isso". Depois de passar seis meses lidando com esses ataques, ela finalmente aceitou que não podia controlar o que diziam sobre ela, nem a dor e a frustração que os outros sentiam pela morte de seu marido. "Quando perdemos uma pessoa que amamos, quer a conhecêssemos pessoalmente ou não, só queremos culpar alguém. E eu sou a pessoa mais fácil de culpar." Foi com esse entendimento que ela sentiu-se chegar verdadeiramente ao perdão.

Para Talinda, o perdão é um processo que enfrenta diariamente. Para lidar com a perda do marido, e continuar seu legado, ela agora viaja pelo país falando sobre prevenção ao suicídio e conscientização sobre saúde mental. Compartilha sua história, sabendo que será criticada, na esperança de ajudar a quem possa estar sofrendo como ela e Chester sofreram. Ela quer dar esperança àqueles que podem estar batalhando como seu marido batalhou e guiá-los a um resultado melhor. Não tem sido fácil enfrentar o ódio tão frequentemente. Quando ela o encontra, tenta lembrar-se de que o ódio sendo expressado vem da dor, da mágoa e da perda. Lembrar a si mesma de que ela também precisa perdoar e seguir em frente. Tirar forças do conhecimento de que precisa ser um exemplo positivo para seus filhos, que lidam com a nova realidade de viverem sem seu pai. Ela os lembra de "apegarem-se à sua verdade" e não prestarem atenção à negatividade.

Ser presente para seus filhos enquanto administra a própria dor ainda é um desafio para Talinda. Às vezes, ela questiona como seu marido pôde deixá-la com essa realidade tão dura. "Eu não tenho que apenas lidar com o choro e a dor dos nossos filhos, também preciso fazer isso publicamente. Preciso monitorar minhas redes sociais e remover todo o ódio que há nelas, porque centenas de pessoas vão lá à procura de inspiração e ajuda, e não posso aceitar o ódio. Então eu fico muito brava com isso, e acabo direcionando esse sentimento a ele. Mas logo percebo que não é ele." O que ainda irrita Talinda é o sofrimento dos filhos. "Eu fico brava por eles. E fico triste, porque eles merecem um pai. Ter que olhar nos olhos dos seus filhos e dizer 'O papai se foi' é algo que não desejo nem para o meu pior inimigo. Isso traz muita raiva. E precisei perdoar, porque se me prendesse a essa raiva, então, não conseguiria amar meus filhos com todo o meu coração e ajudá-los a lidar com a dor."

Um dos passos mais importantes para que Talinda conseguisse se perdoar foi reconhecer que não havia nada que ela, nem ninguém, poderia ter feito para salvar seu marido. Ele "simplesmente não estava bem e cometeu um erro trágico". Lembra-se de todas as vezes em que Chester foi honesto com ela sobre sua batalha contra a depressão, e sobre como achava que sua família ficaria melhor sem ele. "Eu tento lembrar que foi essa parte magoada dele que tomou aquela atitude. E não posso deixar de perdoá-lo, porque ele nos amava de verdade. Ele me amava de verdade. Era um ótimo pai. Ele simplesmente não estava bem e sabia esconder muito bem, o que quase me faz ter ainda mais compaixão por ele, porque é algo difícil. É muito difícil se sentir tão mal e não deixar ninguém saber."

Os últimos momentos que Talinda compartilhou com Chester antes de sua morte fizeram parecer que ele estava em um momento de estabilidade. Quando pensa nos dias antes de sua morte, ela deseja ter sido mais atenta às suas batalhas internas, mas também sabe que sua ajuda era frequentemente recebida com raiva e negação. No passado, quando ela oferecia as ferramentas de que ele precisava para melhorar, ele se ressentia e a afastava. Era a parte adoentada de Chester que o isolava em vez de alertá-la de sua depressão. Durante os anos que passou com seu marido, ela aprendeu a reconhecer os sinais do vício, mas os sinais da depressão eram muito mais difíceis de reconhecer. "A depressão não tem um rosto e pode parecer que uma pessoa está completamente feliz", explica. Ela sabia que, apesar de amar seu marido e querer desesperadamente ajudá-lo a conseguir a ajuda de que precisava, no fim, Chester precisava querer ser ajudado.

Talinda nunca saberá se Chester realmente quis tirar a própria vida naquela noite, mas aprender a lidar abertamente com sua dor, especialmente por seus filhos, é sua prioridade. Ela quer que seus filhos saibam que não estão sozinhos ao sentirem a dor de perder o pai e que é normal sentirem tudo o que estão sentindo. Mas há momentos em que a dor de esposa entra em conflito com a dor de mãe. "Eu sinto que meu casamento foi traído, porque ele partiu. Ele partiu. Ele escolheu não estar aqui. E isso é traição, e é algo que definitivamente precisa de perdão. Mas sinto esse perdão quando entendo sua doença e seu estado de espírito ao pensar que ficaríamos melhor sem ele, o que não é verdade." Lembrar-se de que foi a parte adoentada de seu marido que o fez terminar a própria vida é o que permite que ela se liberte da raiva e o perdoe por se suicidar. Talinda sabe que pode escolher perdoá-lo ou ficar ressentida, e escolheu perdoar.

Desde a morte de seu marido, a definição que Talinda dá ao perdão ficou ainda mais consolidada. A essência é aceitação, que permite que ela se liberte de sua raiva. Agora, sempre que se sente magoada, ela também tenta pensar nas próprias ações para identificar o papel que pode ter desempenhado. Se ela percebe que contribuiu negativamente para uma situação, pede perdão. Mas ela sabe que, no fim, o perdão é algo que fazemos por nós mesmos.

Nós todos conhecemos alguém que batalhou contra doenças mentais. É um dos desafios mais desconcertantes — quase como lutar contra um fantasma: pode aparecer de repente e, então, sumir, constantemente mudando de forma. Quando achamos que finalmente se foi, a doença pode voltar, pior do que antes. E sua maior vítima pode parecer seu aliado mais fiel, escondendo os sintomas e nos confortando quando deveríamos estar preocupados. A honestidade de Talinda sobre a depressão e morte de Chester tem por finalidade diminuir o estigma e trazer a tão necessária atenção à crise que se embrenha por todas as partes de nossa sociedade.

Para mim, ouvir sobre as batalhas que os outros travaram para perdoar — seja lidando com a perda, seja nas mudanças em um relacionamento — melhorou meu entendimento do perdão e me forçou a ser mais aberta sobre minhas próprias experiências. A jornada de Talinda realça a necessidade de encontrar o perdão quando a pessoa que precisa ser perdoada não está mais presente para falar sobre o assunto. Sua coragem me mostrou que, quando isso acontece, aumentar a conversa sobre saúde mental é a única maneira de seguir em frente, para que aqueles que estão sofrendo saibam que há formas de diminuir seu sofrimento.

Mark Kelly

Uma Nova Missão

"Seu coração era tão grande quanto o mundo, mas não havia espaço para guardar a lembrança de um erro."

—*Ralph Waldo Emerson*

Em 8 de janeiro de 2011, a deputada dos EUA Gabby Giffords estava em frente ao supermercado Safeway conversando com seus eleitores em um evento que ela chamou de "Congress on Your Corner" [O Congresso na sua Esquina, em tradução livre]. Era típico da congressista do Arizona tratar diretamente com as pessoas de seu distrito para informar-se dos problemas que mais as incomodavam. Na multidão, estava um jovem chamado Jared Loughner. Sem aviso, ele sacou uma arma e atirou na cabeça da deputada Giffords. Então, apontou a arma para a multidão. Os tiros frenéticos tiraram a vida de seis pessoas e deixaram outras 13 feridas. O marido de Giffords, Mark Kelly, estava no meio do treinamento para a sua última viagem ao

A DÁDIVA DO PERDÃO

espaço quando foi informado da tentativa de assassinato contra sua esposa. Ele foi até ela imediatamente.

Como comandante do último voo do ônibus espacial *Endeavour*, Mark foi treinado para gerenciar missões estressantes e de alto risco. Agora ele estava focado na sobrevivência e recuperação de sua esposa. Sua nova missão lhe deu pouco tempo para pensar no homem que causou essa tragédia. "Não tive tempo para ficar amargurado com esse indivíduo. Teria consumido muito tempo, o que era a última coisa de que eu precisava. Eu precisava me concentrar, 'O que preciso fazer para ajudar Gabby e lidar com essa situação?'." Mark sabia que sua reação era incomum. Desde o começo, ele tratou o tiroteio como um evento passado e manteve sua atenção focada nas necessidades imediatas de sua esposa e em sua recuperação futura. Ele nunca se resguardou da tarefa e nunca permitiu que a raiva consumisse sua energia. "O indivíduo que fez isso era quase que irrelevante. Naquela altura, ele não importava. A não ser que invente uma máquina do tempo, você não vai resolver o problema. Ele não vai sumir." Ele ignorou Loughner e focou em sua esposa. "Jared Loughner era o problema de outra pessoa. Ele era o problema do procurador dos Estados Unidos e do FBI. Eles que se preocupassem. Eu nem pensava nisso." A capacidade de Mark de ver o atirador como irrelevante para sua missão — a recuperação de Gabby — mostra sua extraordinária disciplina.

Oito anos depois do ataque, Mark ainda está completamente dedicado à recuperação da esposa. Ele me disse que nunca teve etapas em seu caminho ao perdão. Ele sempre se focou em sua esposa; ele não se permite distrair-se com os sentimentos por Loughner. O tiroteio está no passado, e carregar qualquer negatividade só anularia a positividade necessária para garantir a cura de sua esposa. "Eu não tinha tempo de lidar com isso. Eu só pensei 'segue em frente'."

Quando Gabby teve alta do hospital, ela precisou decidir se seguiria sua carreira no Congresso. Nos primeiros dias de 2012, Gabby aceitou com relutância que não conseguiria mais servir aos seus eleitores como antes, e renunciou. Apesar de ter saído do hospital, ela ainda precisou ir até lá todos os dias por seis meses para se consultar com vários médicos. Uma nova sensação de normalidade se instaurou, e Mark finalmente conseguiu respirar. Depois da renúncia de sua esposa em janeiro de 2012, Mark lembra-se de ter sentido alívio e não ter pensado em vingança. "Parecia um novo dia. Quando você pergunta sobre perdão — se eu tinha perdoado esse homem —, não foi algo que surgiu na época. Nunca considerei como algo importante ou necessário, algo que precisava fazer, porque eu já tinha seguido em frente. Ele está na cadeia. Não vamos mais saber dele."

Se a determinação de Mark em focar-se apenas na recuperação de sua esposa foi o que evitou que ele sentisse raiva ou pensasse em vingança, foi também o que o impediu de pensar em perdão. "Se você tivesse me perguntado se eu o tinha perdoado, eu teria dito: nem pensei sobre isso. Para mim, não importa. Não tenho tempo." A capacidade de

A DÁDIVA DO PERDÃO

Mark de controlar os pensamentos parece quase sobre-humana, mas ele ainda é profundamente empático, mesmo com o agressor de sua esposa. Quando ele pensa nas motivações de Loughner, diz: "Ele era doente, o que, para mim, é importante levar em conta." Em vez de se prender ao agressor de sua esposa, ele direciona sua frustração ao sistema que falhou com um jovem que claramente precisava de ajuda. Mark acredita que, se Jared tivesse sido tratado como precisava, a tragédia poderia ter sido evitada. Ainda assim, o ressentimento e a vingança não ocorrem facilmente a Mark, e por isso ele não sente a mesma necessidade de destrinchar seus sentimentos depois de um trauma.

Para a maioria, o ato de perdoar é um passo necessário a fim de deixar um evento traumático no passado; é o que nos permite expressar a raiva que pode nos conter, prendendo-nos à dor e em nossos momentos mais sombrios. Para Mark, esse processo aconteceu rápida e naturalmente, através de um ato de pura vontade: "Eu não me permito ficar bravo. Porque esse indivíduo não só mudou a vida da Gabby, das seis pessoas que morreram e das 13 que se machucaram, mas, de certa forma, ele continua a me afetar — e não vou permitir que isso aconteça." Mark entende que apegar-se à raiva só serviria para distraí-lo das necessidades de sua esposa. Como seu marido, Gabby não se ressente do homem que atirou nela. Ser misericordioso com as pessoas faz parte das personalidades de Mark e Gabby, mas também é uma escolha deliberada.

150

Com o passar dos anos, Mark ateve-se à sua verdadeira missão. Ele tenta focar sua energia no presente, em vez de no passado que é incapaz de mudar. Ele nunca permitiu que o tiroteio roubasse o amor e a alegria que compartilha com sua esposa. Desde então, ele e Gabby focaram sua atenção em garantir que algo assim nunca mais aconteça. Eles se esforçam para angariar fundos e aumentar a conscientização para a aprovação de regulamentações mais severas para as leis armamentistas. De fato, Mark agora concorre ao Senado do Arizona para estabelecer outras mudanças. "Estamos tentando transformar algo horrível que aconteceu a Gabby em algo que pode salvar vidas, especialmente a de crianças."

Mark foi capaz de livrar-se do passado muito mais rápido do que a maioria de nós faria em uma situação parecida. Embora seja importante seguir o próprio ritmo, o que eu aprendi com a experiência dele é que, às vezes, redirecionar sua energia pode ser uma forma positiva de seguir em frente, certificando-se de não ficar preso em um evento do passado. Em vez de lutar contra a raiva e o ressentimento, ele focou seus pensamentos na tarefa à sua frente: ajudar sua esposa a se recuperar. Acredito que a maioria de nós, eu mesma inclusa, diria que é mais fácil falar do que fazer, mas o método de Mark para lidar com as coisas é um que certamente devemos admirar e almejar.

Estou certa de que nós todos gostaríamos de conseguir seguir o exemplo de Mark ao treinar nossa mente para focar-se nas coisas positivas que podemos fazer depois de uma tragédia — sei que é o que eu faria. Ainda que eu tropece no caminho, sempre ficarei inspirada por saber que pessoas como Mark trabalharam pela recuperação — tirando sua energia de coisas que não podem mudar, direcionando-a a um futuro mais esperançoso para todos nós.

Iskra Lawrence

Aceitando a Beleza

"A vida, que sempre necessita perdão, tem, por seu primeiro dever, perdoar."
—*Edward Bulwer-Lytton*

A jornada para encontrar o amor-próprio não foi fácil para Iskra Lawrence. Bombardeada pelos ideais de beleza por toda sua infância — desde filmes até outdoors —, ela assimilou uma imagem distorcida da aparência que deveria ter e da forma como deveria agir a fim de um dia agraciar as páginas das revistas de moda. Aos 13 anos, ela entrou no mundo dos desfiles por meio de uma competição, para jovens supermodelos, patrocinada pela revista *Elle*. Ao circular pelo mundo deslumbrante de agências e sessões fotográficas, ela aprendeu uma dura lição da matemática das modelos: "Seu quadril tem que ter 86cm; sua cintura, 60cm. Você precisa ter pelo menos 1,75m de altura, pele clara e macia, cabelo saudável e dentes brancos e alinhados." Ela também se lembra de receber uma nota, de um a dez, pelas agências de modelos. Iskra levou essa nota a sério. Ela diz que "vi isso como uma competição contra mim mesma e esse ideal". O que quer que as agências dissessem que ela precisava, ela queria.

Iskra lembra-se de fazer o que fosse necessário para conseguir o que as agências queriam. Na adolescência, usou revistas como um norte em sua busca pela perfeição. Tentou todas as dietas da moda indicadas pelas celebridades. Pouco a pouco, internalizou os ideais artificiais que lhe eram cobrados. "Você fica viciado no sentimento de se medir, ver os resultados, porque fica essencialmente passando fome, restringindo-se e exercitando-se à exaustão. E só quer ver mais resultados; quer ficar cada vez mais perto da meta." Ao mergulhar ainda mais no mundo da moda, sua percepção ficou completamente distorcida. Como ela diz, "Esse desejo de ser magra e alcançar esse ideal da beleza perfeita me consumiram — consumiram meus pensamentos, minhas paixões, minhas motivações." Toda manhã, ela se olhava no espelho e odiava o que via. "Eu segurava as partes do meu corpo que mais tinham gordura; eu as segurava e desejava que sumissem. Usava a internet para pesquisar cirurgias que diminuiriam minhas panturrilhas." Iskra era sufocada pela aversão a si mesma: "Camadas e mais camadas de ódio e nojo pelo meu próprio corpo, desejando poder arrancar pedaços para ficar mais magra."

Finalmente, essa aversão chegou ao limite. Ela percebeu que, continuando com esse comportamento destrutivo, desrespeitava o corpo que Deus tinha criado e "que não é para ser perfeito". Foi nesse momento que ela descobriu as modelos *plus size*. Ironicamente, depois de visitar uma agência que atendia a esse público especificamente, Iskra ouviu que era magra demais. Ela passou a imaginar se algum dia se encaixaria no ideal de beleza de alguém. Foi forçada a reexaminar seu relacionamento com o mundo da moda — forçada a perguntar a si mesma se "todo esse esforço, todo esse tempo, todo esse sacrifício, toda essa dor, e ódio, e mágoa não serviram para nada. Estou perdendo essa batalha, sem viver minha vida e sem ser feliz; todos os dias investindo tempo na vã missão de tentar mudar esse corpo para algo que ele não pode ser, nem deveria". Ela questionou por que as agências de modelo faziam as pessoas se odiarem, em vez de destacarem a beleza única que elas têm por dentro. Iskra estava determinada a provar que havia várias formas de "modelar, de ter um corpo, de sentir-se linda e retratar os diferentes tipos de beleza deste mundo". E isso logo virou sua nova missão: "Deixei de tentar mudar a mim mesma e ao meu corpo e passei a tentar mudar a indústria."

Iskra tirou os padrões impossíveis de suas ambições e passou a focar-se em ser a melhor pessoa que pudesse — mas não foi fácil. "Eu pensava, 'Eu nunca estarei na capa da *Vogue* e nenhuma outra revista nem serei o rosto da campanha de alguma fragrância.' Precisei repensar todos os meus sonhos e objetivos e percebi que na verdade posso ser a modelo que quero ver." Ela percebeu que talvez tivesse passado por tantos problemas em se aceitar por um motivo; talvez Deus tivesse um chamado para ela que era muito maior do que ela poderia imaginar. Ela decidiu assumir suas dificuldades e usar sua experiência em se sentir "menor" para ajudar aqueles que estivessem na mesma situação.

Iskra começou a conversar com seus amigos, aberta e honestamente, compartilhando sua história e deixando claro que eles não estavam sozinhos. Ela, então, levou a conversa às redes sociais, alcançando um público muito maior do que tinha sonhado. Ela falava honestamente sobre seu transtorno alimentar, suas inseguranças e os desafios da dismorfia corporal. Ao mostrar suas inseguranças on-line para o mundo todo, Iskra começou sua jornada de cura e perdão.

No começo, ela sentiu a necessidade de perdoar seu corpo por toda a dor que ele causou. Mas logo percebeu que na verdade precisava perdoar a si mesma por "permitir que esse poder dominasse minha vida e tivesse o controle". Ela precisava perdoar a si mesma por permitir que o transtorno alimentar e a dismorfia corporal consumissem tanto de sua vida. Ela sabia que, apesar dessas dificuldades serem parte de sua história, elas não a definiam. O primeiro passo foi o mais difícil: "perdoar a mim mesma, porque parte de mim vê as pessoas que não perderam tempo nisso". Ela precisou confrontar o fato de que se permitiu ser vítima de padrões nocivos e de que tinha torturado seu corpo para caber no gosto dos outros. "Precisei me perdoar. Eu era jovem. Essencialmente, eu estava mentalmente doente, com um transtorno alimentar e dismorfia corporal, e lutava contra tudo isso sozinha, em segredo. Então, essa foi uma grande parte do perdão."

Como parte de sua jornada de perdão, Iskra criou uma prática que chama de "desafio do espelho": "Ficar na frente do espelho, olhando para o meu corpo e dizendo a ele: 'eu amo você'. E, em vez de ver as coisas com ódio, olhar para meu corpo e descobrir por que eu gostava dele, por que o valorizava e por que deveria celebrá-lo. Sim, minhas coxas estão mais grossas, mas isso significa que elas estão muito fortes e que eu consigo pular muito alto." O ato de olhar-se no espelho, escolher uma parte que antes via como um defeito e a celebrar foi um grande passo para aprender a se perdoar e mostrar ao seu corpo todo o amor que estivera escondido. "Sua pele, seu corpo, você toda merece a linguagem do amor." Depois de passar anos se criticando, Iskra fez dessa prática do espelho um ritual diário, que virou uma parte essencial de sua jornada.

Ainda há momentos em que pensamentos negativos voltam a aparecer na mente dela. Nesses momentos, ela lembra-se de todas as coisas pelas quais é grata. "A gratidão é enorme", diz. Ela pratica a gratidão em frente ao espelho e deixando bilhetes para si mesma, os quais encontrará ao longo do dia. Parte de seu processo de perdoar é saber que, em alguns momentos, os pensamentos negativos voltarão e que deverá se perdoar por esses momentos também. "Precisamos perdoar todas as emoções que sentimos e todos os pensamentos que permitimos que entrem em nossas mentes — seja misericordioso. Seja gentil, seja acolhedor." É importante ser realista, saber que terá dias bons e dias ruins. É o perdão que ajuda Iskra a viver um dia ruim e seguir em frente com amor.

Durante sua jornada, Iskra desenvolveu um mantra que coloca sua mente, seu corpo e seu espírito em um lugar de amor e aceitação. "Algo que derrama confiança em mim é a frase 'eu sou o bastante'. Eu a uso em situações cotidianas, em todos os aspectos da minha vida — nos meus relacionamentos e no trabalho —, só saber que *sou o bastante*." Essa linda frase marca seu triunfo sobre as dúvidas e as incertezas que a assombravam. É a afirmação de seu valor e de sua aceitação. É o entendimento de Iskra de que "eu mereço meu próprio amor e gentiliza, e não há problema com o que eu decidi fazer ou já fiz, era para ser assim. Valorizo tudo pelo que passei e é o que uso para ser a melhor pessoa que posso ser ao acordar todos os dias".

Todos temos dificuldade de perdoar a nós mesmos pela vergonha que sentimos de nossos corpos. Crescendo em Los Angeles, eu me lembro de sentir — desde muito cedo — a pressão para parecer ser alguém que não era. Lembro-me de tentar manter determinado peso, de não gostar das minhas curvas quando passei pela puberdade, de sentir que não conhecia meu próprio corpo quando ganhei peso no ensino médio. Eu me torturei ao criticar meu corpo nos altos e baixos de um relacionamento nocivo, tentar todas as dietas da moda que conseguisse encontrar, tomar diurético e comprimidos para emagrecer e sempre falar sobre meu corpo de uma forma negativa com minhas amigas. Lembro-me de ter padrões impossíveis para meu corpo e de não ser grata pelas coisas que ele podia fazer e por sua saúde.

Eu, como tantas outras mulheres, identifico-me com a jornada de Iskra, de deixar de se ressentir do próprio corpo e passar a aceitá-lo. Como ela mencionou, perdoar nossos corpos e a nós mesmos é uma prática contínua. Mas tomar a decisão de falar com seu corpo com gentiliza e amor — e agradecê-lo por sua força, saúde e habilidades — é uma decisão que podemos tomar todos os dias.

Aceitar nossos corpos é um dos maiores presentes que podemos dar a nós mesmos. Amarmo-nos apesar das mudanças inevitáveis não é fácil, mas Iskra lembra-me de que ter uma prática — como o ritual do espelho — é uma forma maravilhosa de permanecer no caminho certo e de começar todos os dias com perdão, amor e aceitação pelos corpos que temos.

Tanya Brown

Esperança Para Minha Irmã

"O perdão nem sempre é fácil. Às vezes, perdoar quem nos feriu dói mais do que a mágoa. Ainda assim, a paz não existe sem o perdão."

—*Marianne Williamson*

Em 12 junho de 1994, Nicole Brown Simpson foi brutalmente assassinada em sua casa, em Brentwood, Califórnia. Sua irmã, Tanya Brown, tinha 24 anos na época. Pelos 11 meses seguintes, o ex-marido de Nicole, O. J. Simpson, foi julgado pelo assassinato, arrastando a família Brown por um processo com muita exposição, frequentemente chamado de "o julgamento do século". Finalmente, em 3 de outubro de 1995, O. J. Simpson foi declarado inocente — uma sentença que deu pouca sensação de encerramento para a família em luto. Graças à loucura da imprensa durante todo o evento, Tanya não conseguiu processar seu luto por muitos anos. Esse trauma não resolvido teve um preço terrível — emocionalmente e fisicamente. Sua

A DÁDIVA DO PERDÃO

jornada à aceitação serve como uma evidência comovente do poder do perdão.

O assassinato de Nicole afetou cada membro da família Brown de uma forma diferente, e todos processaram a perda de seu próprio jeito. A primeira preocupação da família foram os dois filhos que Nicole teve com O. J. Os pais de Tanya o perdoaram imediatamente a fim de dar atenção às crianças e permitirem-se seguir em frente depois da perda da filha. Como Tanya me disse, "Eles perdoaram a ação para poder seguir em frente". As crianças ajudaram no amparo da família. Tanya lembra-se de que elas eram "o maior presente que poderíamos ter, porque nos mantinham ocupados. E nós as mantínhamos ocupadas". Seus pais achavam que sustentar a dor por mais tempo só prejudicaria as crianças. De acordo com Tanya, a atitude deles passou a ser de "Precisamos esquecer. O que passou, passou. Precisamos seguir em frente". Tentar criar uma vida normal para as duas crianças ajudou a família Brown a seguir em frente. Mas o processo de luto de Tanya mal tinha começado.

Tanya não conseguiria começar sua jornada à aceitação até descobrir a verdade sobre a morte de sua irmã. Por quase dois anos após o assassinato, ela não acreditou que O. J. fosse o responsável. Não imaginava que o homem que jurara amar e proteger sua irmã a esfaquearia. Tanya só se convenceu da culpa de O. J. quando a evidência do DNA foi revelada no tribunal. Conhecer as circunstâncias da morte de sua irmã era um passo crucial em sua luta para aceitá-la e seguir em frente. Mas essa luta durou mais de uma década e exigiu uma fé extraordinária.

Os Brown nunca foram uma família muito religiosa, mas Tanya lembra-se de um momento de definição espiritual que aconteceu pouco depois da morte de Nicole. Lembra-se de um santuário na casa de sua família dedicado à sua irmã, na qual sua família recebia centenas de cartas e orações de pessoas do mundo todo. Uma noite, ela encontrou sua mãe sentada lá com uma expressão magoada em seu rosto. Tanya perguntou qual era o problema. Sua mãe disse que, embora fosse grata por todas as orações e bênçãos, elas a fizeram perceber que a família não era muito religiosa. Tanya logo respondeu que a família podia não frequentar a igreja regularmente, mas tinha uma fé profunda: "Nós acreditamos. Temos fé. Sabemos onde a Nicole está. Acreditamos na vida após a morte. Vai ficar tudo bem." Esse momento com sua mãe garantiu a Tanya que ela não vivia essa jornada sozinha; viviam a dor juntos, como uma família.

Quase dois anos depois do assassinato de Nicole, Tanya viu-se sentada em uma igreja com sua família, pedindo uma forma de seguir em frente. Ela observou seus pais aceitarem a perda da filha de uma maneira que queria imitar, mas, para ela, não era fácil perdoar. Ficou maravilhada com a força de sua mãe: "Ela não esquece, mas perdoa. Ela não permite que as coisas se manifestem de um jeito feio." Tanya sabia que essa era a forma de seguir em frente. Mas ainda não conseguia se livrar da dor, então, procurou ajuda em Deus. Ela lembra-se de dizer, "Deus, tire-me essa dor. Ajude-me a seguir em frente." E lembra-se de ter sentido — sentada naquela igreja, com sua família — uma leveza que nunca havia sentido antes. Mas, ainda assim, não conseguiu libertar-se de sua dor, e dias piores estavam por vir.

Dez anos depois da morte de sua irmã, consternada por seu luto não resolvido, Tanya tentou cometer suicídio. Esse provou ser um momento decisivo. Foi no centro de tratamento que ela aprendeu sobre o poder do perdão: "Aprendi a aceitar. Aprendi a entregar-me à dor. Aprendi a aceitar a perda. Aprendi a seguir em frente. Não foi apenas a Nicole. Foi a culminância de todas as dores que tive durante a vida finalmente me atingindo, porque não encarei meus traumas, tragédias e perdas."

No tratamento, Tanya começou um renascimento pessoal que melhorou todos os aspectos de sua vida. "Aprendi a me amar, a me respeitar, a me perdoar, a me agraciar." Ela finalmente teve tempo e espaço para processar a dor que carregava havia anos. Finalmente conseguiu sentir, chorar e escrever sobre suas emoções — um novo hábito que se provou indispensável. "Se alguém magoar você, leve a caneta ao papel e escreva sobre isso." Na terapia, ela também aprendeu a Oração da Serenidade: "Concedei-me, Senhor, a serenidade necessária para aceitar as coisas que não posso modificar. Coragem para modificar aquelas que posso e sabedoria para conhecer a diferença entre elas." Cercada por pessoas que lutavam com os próprios fardos do luto, Tanya começou a orar para que Deus os ajudasse nesse momento difícil. No tratamento, ela aprendeu que não é possível passar por momentos difíceis sozinha. Então, ela voltou-se para Deus e teve fé de que, não importavam os desafios da vida, a oração e a crença a ajudariam a enfrentá-los.

Tanya sabia que a jornada de todos ao perdão é diferente, e alguns nunca chegam ao fim. Quando perguntei se ela perdoou O. J. Simpson, ela disse que seguiu em frente e não carrega raiva por ele. "Não tenho interesse nele; ele não importa. Não lhe desejo mal. Não lhe desejo a morte. Não lhe desejo dor, porque precisamos pensar em duas crianças." Precisar cuidar de seus sobrinhos ajudou Tanya em seu processo de cura. Para ser completamente presente para eles, ela aprendeu a libertar-se dos sentimentos negativos que tinha pelo pai deles e a garantir que ele não participaria de sua vida. Para Tanya, isso é o perdão: "É dar-se permissão para dizer 'Você não me controla'." A morte de sua irmã sempre será parte de sua história, mas ela aprendeu que não define quem ela é. "Nicole, O. J., isso tudo costumava ser minha identidade quando eu tinha 24 anos, porque acabamos sendo jogados em um circo. Mas, com o passar dos anos, não, essa não é minha identidade. Só é algo que aconteceu comigo."

A jornada de Tanya ao perdão aconteceu em seu próprio tempo. Hoje, ela tenta ser completamente presente em todos os momentos, processando as experiências da vida conforme elas acontecem. Ela também tenta ajudar suas irmãs a libertarem-se, sabendo que não há "uma hora certa para estar pronto" para chegar ao perdão. Para Tanya, "o perdão não quer dizer isentar a pessoa que o machucou; trata-se de libertar-se de seu trauma".

Tanya também comenta os ensinamentos do comediante e autor Russell Brand. Ela diz que foi Brand quem a ensinou a chegar à aceitação e ao perdão. "Ele diz: 'Nós todos temos um buraco na alma e tentamos preenchê-lo com alguma coisa. E essa coisa pode ser positiva ou pode ser destrutiva.'" Cabe a cada um de nós escolher o curso mais saudável, centrar-nos e colocar-nos no caminho que permitirá que cheguemos ao perdão.

Depois de terminar seu tratamento, Tanya conseguiu reivindicar sua vida. Hoje, como *life coach,* compartilha com outros as lições que aprendeu. Ensina-lhes que o caos e o estresse são passageiros, mas que, ao permanecerem centrados e mantendo o amor-próprio, podem seguir em controle de suas jornadas. Ela é o exemplo da mensagem que espalha: "Transforme o erro que cometeram com você em algo positivo para ajudar a si mesmo e aos outros." Tanya consegue pensar na perda de sua irmã Nicole e, apesar de ainda sentir saudades e pensar nela frequentemente, conseguiu seguir em frente; ela não permite que isso ocupe sua vida. Também escreveu um livro sobre sua jornada a fim de compartilhar seus aprendizados com outros. Ela espera que ser transparente e honesta sobre suas dificuldades ajude os outros a sentirem que eles também podem chegar à aceitação e ao perdão. Quando conversa com pessoas presas em seus lutos, ela as encoraja: "Fale sobre sua dor, sinta-a, viva-a. É doloroso, é assustador e pesado. Mas você tem apoio, ou vai à terapia, ou procura um grupo de apoio, ou seu melhor amigo. Quero dizer, quanto antes você se libertar dessa dor, mais cedo sua vida seguirá em frente."

O caminho que escolheu permitiu que Tanya se libertasse de sua raiva e dor, e vivesse mais completamente o presente. O perdão não foi fácil — ela precisou confrontar seus momentos mais sombrios para libertar-se —, mas o processo permitiu que ela escapasse do trauma infringido pelos outros e que vivesse a vida que escolheu.

Sendo a filha mais velha, não posso imaginar passar pelo que Tanya passou e conseguir perdoar. Sua história é a prova de sua força, autoconhecimento e compaixão. Ao conversar com Tanya, fiquei profundamente emocionada pela forma como ela falou de Nicole — ainda amando sua irmã, mas sem carregar raiva pelo homem que acredita ser responsável por sua morte. Sua jornada me mostrou mais uma vez que não há um prazo para o processo do perdão. Podemos achar que precisamos perdoar logo a fim de seguir com nossas vidas, mas isso pode acabar não sendo tão benéfico quanto achamos ser. A conversa com Tanya deixou claro que, na verdade, é *como* perdoamos que dita a nossa qualidade de vida a partir daquele momento. Eu certamente já me perdoei rápido demais e, então, precisei encarar a necessidade de voltar para o começo e lidar com uma situação que achei ter deixado no passado. Apesar de o trabalho para chegar ao perdão ser o mais desafiador de sua vida, a recompensa é imensurável.

Adel Altamimi

Guerreiro do Amor

"Se eu não os perdoo, ainda estamos em um relacionamento destrutivo."

—*Dr. Henry Cloud*

Em 1998, quando Adel Altamimi tinha nove anos, ele fez uma descoberta que mudaria sua vida para sempre. Ao voltar da escola de bicicleta em sua cidade natal, Bagdá, ele deparou-se com um *dojo*, uma academia de artes marciais, cheia de fileiras de homens treinando as posturas do caratê. Adel era um garoto forte que gostava de desafiar-se, então, foi imediatamente atraído pelos movimentos disciplinados e precisos dos homens. Ele logo entrou para o *dojo* e dedicou-se à arte do caratê. Pelos anos seguintes, desenvolveu um laço profundo com o *sensei* Moyed, um laço parecido com o de pai e filho. Então, em 2003, os Estados Unidos invadiram o Iraque. Adel lembra-se de ter ido visitar a casa de seu *sensei*, como costumava fazer sempre. Abriu a porta apenas para encontrar a família de Moyed

A DÁDIVA DO PERDÃO

desesperada e coberta de sangue. Eles lhe contaram que Moyed morreu em um bombardeio no posto de gasolina próximo. Esse bombardeio matou 400 pessoas nas redondezas. Essa foi a iniciação de Adel aos horrores da guerra, e à jornada do perdão.

Em 2004, Adel e seu irmão decidiram direcionar a raiva que sentiam pela morte de Moyed à reconstrução do Iraque. Nessa altura, os iraquianos precisaram escolher entre se unir aos Estados Unidos em sua luta para estabelecer a democracia ou se aliar à Al-Qaeda. Adel acreditava na visão dos Estados Unidos, então, ele, seu irmão, e seus primos começaram a trabalhar com os norte-americanos como motoristas de comboios. Todos os dias, ao ir trabalhar pela manhã, ele passava por vários corpos nas ruas. Ele sempre pensava em Moyed enquanto se adaptava a essa nova realidade. Nessa época, o grupo terrorista buscava por iraquianos que ajudavam os norte-americanos. Um dia, a mãe de Adel viu o nome de seu filho em uma lista de quem a Al-Qaeda suspeitava ajudá-los. Ela mandou um aviso a Adel, que estava escondido, para que ele não saísse — nem mesmo para ir para casa. Ele sabia que arriscava sua vida quando decidiu voltar para sua família. A caminho de casa, deparou-se com um posto de controle falso. Os rebeldes da Al-Qaeda atiraram em seu carro, mas ele chegou em casa sem se ferir.

Em 2005, quando o irmão de Adel saía da base da Marinha dos Estados Unidos, um franco-atirador da Al-Qaeda atirou em sua cabeça. Um helicóptero da marinha o transportou ao hospital militar. Os cirurgiões salvaram sua vida, mas ele perdeu os dois olhos e o nariz. A família de Adel queria que ele largasse o emprego, mas ele estava determinado a continuar. Alguns meses depois, Adel, seus dois amigos, e o irmão de seu amigo saíam do trabalho quando encontraram outro posto de controle falso. Os rebeldes os questionaram e os mandaram sair do carro. Quando inspecionaram o veículo, encontraram os distintivos da Marinha dos Estados unidos. Espancaram Adel e os outros. Então, cobriram suas cabeças com sacos plásticos e os jogaram no carro para levá-los a um local secreto. Adel tinha certeza de que seria morto. Pensou em sua família: seu irmão mais velho, morto por Saddam Hussein; seu outro irmão, cego e desfigurado; sua mãe, pai e irmão mais novo, esperando por ele em casa. Adel e seus amigos foram trancados em um cômodo; e as sacolas plásticas, removidas. Eles estavam sentados em frente a uma câmera. Homens mascarados começaram a gritar com eles, chamando-os de terroristas por ajudar os fuzileiros navais. O sequestrador disse que eles seriam mortos por terem se envolvido com os norte-americanos. Eles pegaram Ahmed e seu irmão, colocando-os em frente a Adel. Então começaram a decapitá-los enquanto Adel assistia, horrorizado. "Eu estava pensando 'Eu vou morrer; esse é o meu fim'."

Era impossível processar aquele horror. Poucos momentos antes, Adel estivera com Ahmed, rindo e brincando, e agora seu corpo sem vida estava à sua frente. Os terroristas levaram as cabeças até Adel, provocando-o. Ele lembra-se de ter ficado indiferente ao ver o sangue. Naquele momento, a única coisa em sua mente era sua mãe, seu pai, e seu *sensei* Moyed. Lembra-se de ter pensando que finalmente encontraria seu *sensei* na vida após a morte. Permaneceu calmo, sabendo que logo estaria entre os seus entes queridos. Começou a orar para Deus. Enquanto Adel rezava, ouviu os estampidos de tiros ao seu redor.

Os fuzileiros navais invadiram o prédio. Eles gritaram para que ele corresse até o telhado do prédio para se proteger. "'Não se preocupe; estamos com vocês. Estamos com vocês!' E nos libertaram. Foi como um sonho." Adel e seu amigo foram os únicos salvos pela Marinha dos Estados Unidos naquele dia. Pouco tempo depois, Adel voltou ao trabalho.

Durante 2006 e 2007, a situação do Iraque ficou ainda pior. Adel e sua família se mudaram para o Líbano. Então, o pai de Adel decidiu que precisavam se mudar para os Estados Unidos. Depois de tantos traumas, Adel achou sua chegada aos Estados Unidos enervante e surreal. Ele era grato por estar em um lugar seguro, mas sentia-se isolado e culpado por ter conseguido escapar com vida quando tantos de seus amigos e parentes não tiveram tal sorte. Seu irmão também teve dificuldade para se adaptar, tentando se locomover pelo novo mundo sem a visão. Ele caiu em uma depressão profunda e tentou suicídio várias vezes. Adel também ficou profundamente deprimido, imerso em um momento sombrio — incapaz de dormir, sufocado pelo estresse. Como seu irmão, Adel tentou se suicidar.

"Eu estava bravo de verdade, muito bravo. Ansioso, não conseguia dormir. Estava quebrando tudo. Não era eu." Adel queria ir embora dos Estados Unidos para morrer no Iraque. Lembra-se de seu pai sentar-se ao seu lado e dizer "Você vai simplesmente desistir? Você acredita em Deus, e Ele o salvou. Ele o trouxe para este país lindo. Você precisa lutar. Volte a treinar, a lutar. É o que você ama. Lembre-se de Moyed." Seu pai o lembrou de que sua verdadeira paixão estava na sua capacidade de lutar. Ele mandou seu filho honrar seu *sensei*. Foi o que reacendeu a chama dentro de Adel.

Adel mudou-se para Los Angeles, onde começou a treinar em uma academia e a trabalhar como lavador de pratos em um restaurante. Ele aprendeu inglês sozinho, assistindo a filmes e séries, e lentamente começou a sentir-se mais confortável em seu novo lar. Ele se destacava no mundo das artes marciais mistas, impressionando a todos que o viam treinar. A jornada não era fácil: ele morava em seu carro, dormia na academia e treinava dia e noite para melhorar suas habilidades de luta. Ele se apaixonou e teve o coração partido, mas sempre conseguiu se recuperar e seguir lutando. A cada dia, ficava mais forte, mais rápido, e mais perigoso dentro de um ringue. Em 2019, Adel assinou o contrato de lutador profissional de MMA com o Bellator, uma empresa americana de promoção de artes marciais mistas, e sua carreira continuou a florescer.

Quando Adel falou das dificuldades que viveu, ele o fez com uma praticidade e confiança que mostram sua capacidade de deixar o passado para trás. O segredo de sua sobrevivência — a fonte de sua esperança — tem sido seu relacionamento com Deus. Sempre que sentia vontade de desistir, ele conversava com Deus e lembrava-se de quantos obstáculos superou e de quantas bênçãos recebeu durante o caminho. A fé de que Deus guia seu destino lhe dá forças para aguentar os golpes e seguir lutando. Apesar de tudo o que sofreu e de tudo o que perdeu — a família e os amigos que foram mortos —, Adel não tem amarguras. "Eu nunca odeio uma pessoa. Nunca odeio." E ele está comprometido a compartilhar sua fé com os outros. "Eu sempre quis ser alguém que as pessoas admiram e acreditam — acreditam na minha vida e acreditam em Deus. É por isso que sempre falo de Deus."

Em um esporte frequentemente cegado pelo materialismo e pelo ego, Adel quer ser um sinal de esperança e humildade. "Eu quero que mais crianças o pratiquem também. Não quero ser a pessoa que ganha dinheiro com isso. Quero ser alguém que as pessoas admiram. Sou assim. Sinto que Deus está comigo." A fé que o guiou pelas ruas de Bagdá, destruídas pela guerra, a fé que o levantou depois de perder seu *sensei*, da destruição de sua casa e do assassinato de seus amigos mais próximos é o que sustenta Adel hoje. "Deus é o primeiro; Ele quer que eu fique vivo", ele diz. Adel dedica-se de corpo e alma à reconstrução, sem focar-se na vingança; seu objetivo é sempre fazer do mundo um lugar melhor. E, nessa luta, a maior arma é o amor: "Eu simplesmente amo minha família, as pessoas à minha volta, amo qualquer um. Só tento ajudar as pessoas sempre que posso. Como seres humanos, precisamos de amor. Deus é amor." E o amor, para Adel, é a essência do perdão: "Se você tiver lido a Bíblia ou o Corão, Ele sempre fala de amor e perdão, e perdoa como se não importasse que fomos magoados — não importa o que você faz. Deus sempre abre Sua porta para você. Se alguém me magoa? Eu perdoo. Eu sou assim na vida e em Deus. É amor." Adel sabe que não teria conseguido passar por tudo o que passou e sobreviver, sem a presença de Deus em sua vida. "Coloque Deus em sua vida e será salvo. As coisas pelas quais passei, por acreditar Nele, Ele me salvou. E é por isso que amo este país, porque ele também me salvou."

Apesar de tudo o que Adel viveu, ele sabe que o amanhã não é garantido. Ele quer que as pessoas saibam que deveriam "sempre demonstrar amor e perdão. Nunca odeie alguém". Se encontrasse o homem que tirou a visão de seu irmão, não buscaria vingança. Se o homem pedisse perdão, perdoaria. Adel lembra-se de que seu pai nunca sentiu ódio por ninguém. Se alguém roubasse seu pai, ele diria a Adel que não tem problema; que a pessoa obviamente precisava do dinheiro mais do que ele. Adel foi criado lendo o Corão e aprendendo a importância do perdão. É por isso que, para ele, a única forma de escapar do ódio e da violência que consumiu seu país natal era através do perdão. Perdoar e amar a todos virou a missão de sua vida, pela qual Deus e Seus ensinamentos no Corão são responsáveis. "O perdão é amor. Deus fala só de amor e está em todas as culturas, todas as religiões."

Adel pode ser nocauteado, mas sempre se levanta com o coração aberto, pronto para perdoar, ansioso para espalhar o amor, comprometido a vencer o ódio. São poucos os que perderam tanto e ainda têm muito para dar. A história de Adel nos mostra que cada dia é um presente, toda dificuldade é uma lição, e cada respiração deveria nos encher de esperança por um amanhã melhor.

De todas as histórias neste livro, a de Adel foi a mais difícil de ouvir. Os horrores que ele viveu foram inimagináveis e, ainda assim, ele pensa neles com calma e clareza difíceis de compreender. Assim como a maioria das pessoas com quem conversei, ele acredita ser tão resiliente por causa de sua fé. Quando os eventos vão além da nossa capacidade de compreendê-los, a crença em um poder maior pode nos fortalecer e nos ajudar a recuperar a esperança.

Quando conversei com Adel sobre sua história, fiquei perplexa com sua positividade. A maioria de nós nunca viverá algo remotamente parecido com o que ele viveu. Depois de entrevistá-lo, passei a pensar em várias partes da minha vida sob uma nova luz. Situações que antes achei serem tão difíceis e quase impossíveis agora são meras pedras no caminho, não um pedregulho. Às vezes, quando mudamos nossa perspectiva ao nos distanciarmos e olharmos para a situação como um todo, podemos mudar a forma como agimos — e reagimos — ao seguir em frente. Quis incluir a história de Adel não para minimizar os desafios que quem está lendo pode enfrentar, mas para exemplificar que, ao mudar nossas atitudes e perspectiva, podemos impedir que nosso passado dite nosso futuro.

Cora Jakes Coleman

Retomando o Poder

"O perdão me dá limites porque me desprende da pessoa nociva, e então posso agir com responsabilidade e sabedoria."

—Dr. Henry Cloud

Ao crescer como a filha do bispo T. D. Jakes e Serita Jakes, Cora Jakes Coleman aprendeu desde cedo a importância do perdão. Ao longo de muitos anos e muitos relacionamentos duradouros, Cora descobriu que "quando ando com o perdão em meu coração, preciso de um amor-próprio incondicional". Ela aprendeu que o amor que tinha por si mesma permitia que agisse com dignidade e graça em qualquer situação. Ao tentar continuar humilde e gentil, viver em perdão vem naturalmente e permite que "eu retenha meu poder".

A capacidade de Cora de perdoar foi desafiada por alguém a quem considerava uma irmã. Por anos, Cora teve dificuldade para engravidar, até que sua amiga Julia*[1]decidiu permitir que ela adotasse seu filho legalmente. Três anos depois, Julia decidiu que queria criar o menino ela mesma. Cora e Julia foram aos tribunais para brigar pela custódia da criança. Essa sensação de traição — uma de suas confidentes mais próximas expondo publicamente seus problemas de infertilidade e maternidade — era diferente de tudo com que já tinha lidado antes.

A dor dessa traição foi exacerbada pela perda de uma amizade que achou que duraria para sempre. Enquanto lutava com o fato de que teria de terminar sua amizade com Julia, ela frequentemente recorria à Parábola do Joio e do Trigo, da Bíblia: "Nessa parábola, um fazendeiro planta trigo em seu campo. Enquanto ele descansa, um inimigo enche o campo com [sementes de] joio. Então, quando o homem acorda pela manhã, ele vê que o campo todo foi replantado. Em vez de arrancar todo o joio, decide deixar que o joio cresça com o trigo. Quando estão prontos para a colheita, ele decide arrancar o joio e queimá-lo; o trigo, ele colhe." Cora via-se como o trigo, tentando prender-se a Julia, o joio, mas sentia que o Senhor lhe dizia que precisava se afastar. "Não podia continuar me apegando a pessoas, a relacionamentos que não deviam ter sido plantados comigo e que seriam queimados e destruídos no fim do dia. Então, tomei uma decisão consciente de ser frutífera e produtiva, não ser a salvadora das situações que eu nunca deveria salvar."

---

[1] Nome fictício para proteger sua identidade.

Cora e Julia brigaram pela custódia do filho por quase dois anos. Foi só no fim que Cora sentiu poder dizer ter perdoado Julia. Durante esses dois anos, Cora orava por sua amiga diariamente. Tentava procurá-la para lembrá-la da amizade que tinham e das lembranças que construíram juntas, na esperança de fazê-la perceber como a traição tinha sido dolorosa. Lembra-se de ter orado tanto por ela que chegou a ponto de Deus lhe dizer para parar de fazê-lo — estava tudo bem separar-se de sua amiga. Cora escreveu uma longa carta a Julia, dizendo que a perdoava por tudo. Pediu o perdão de Julia também. Depois de escrever a carta, Cora finalmente conseguiu desapegar-se da amizade.

Foi difícil para ela aceitar que uma amizade aparentemente eterna tinha chegado ao fim. Sentia que precisava perdoar a si mesma por ter se apegado a algo que não era para ser permanente. Precisou desapegar-se desse padrão e "seguir meu destino e não me sentir mal por isso".

Em retrospecto, Cora sabe que ser capaz de perdoar e seguir em frente é uma responsabilidade que devemos a nós mesmos a fim de manter relacionamentos saudáveis e produtivos. Apesar de sua amiga já não estar em sua vida, ela está em paz com sua decisão. Por tê-la perdoado, pôde seguir em frente sem ressentimentos ou amarguras. Não manter Julia em sua vida "não significa que eu não a perdoei; significa que retomei meu poder, minha responsabilidade". Cora sabe que relacionamentos têm seus altos e baixos, e algumas amizades conseguem sobreviver à tensão. Alguns amigos resolvem seus problemas e têm o que ela chama de "momentos de construção" — quando as duas pessoas na amizade conseguem admitir suas culpas e seguir em frente com uma melhor compreensão das necessidades uma da outra.

Hoje, a menção da traição de sua ex-amiga não é um gatilho emocional para Cora. "É indiferente agora. Nem sempre foi. Mas é como sei que a perdoei. Eu perdoei você e agora você não afeta mais as minhas emoções." Ao olhar para trás, ela vê o fim da amizade como uma decepção.

Cora começou a ensinar o perdão aos seus filhos desde cedo. Ela os instrui a dizer "peço desculpas" em vez de "sinto muito" — e a aprender a diferença entre os dois. Para ela, "peço desculpas" significa tomar responsabilidades por suas próprias ações, enquanto "sinto muito" não traduz adequadamente sua participação no erro nem indica que você planeja mudar. Como ela diz, "Um pedido de desculpas é para você, e isso significa que você nunca mais vai responder ou agir daquela forma. É esse o significado de um pedido de desculpa." Quer esteja oferecendo ou recebendo o perdão, é uma oportunidade para libertar-se da dor e da culpa e seguir em frente renovado.

Para Cora, o perdão não é algo a ser dado a outro; é algo que você dá a si mesmo: "O perdão não diz respeito à pessoa que o traiu, mentiu ou negou algo; perdão, para mim, tem a ver com retomar meu poder e não permitir que a pessoa me afete emocionalmente." Sabemos que perdoamos verdadeiramente alguém que errou conosco, ela diz, quando esse alguém já não tem o poder de nos afetar emocionalmente: "Eles não têm o poder de nos deixar bravos, nem de nos desencorajar, nem nos fazer sentir insegurança."

Nem todas as amizades duram para sempre. Uma amizade de infância que é maravilhosa aos 14 anos pode não funcionar mais aos 28 anos — e tudo bem. Nós mudamos e crescemos, e, às vezes, as amizades não mudam e crescem como nossas necessidades. Pode ser doloroso, mas há momentos em que precisamos examinar uma antiga amizade e nos perguntar se ainda é saudável mantê-la. No passado, quando sentia essa dúvida, frequentemente deixava o sentimento de lado, porque terminar uma amizade antiga parecia errado. Com o passar dos anos, aprendi que, às vezes, terminar um relacionamento é a única forma de ser honesto com você mesmo.

Quando Cora falou da sua necessidade de separar-se de sua amiga por seu próprio bem-estar, eu me identifiquei. Às vezes, não importa o quanto tentemos ajudar a outra pessoa ou fazer a amizade funcionar, é mais saudável apenas seguir em frente. Quando Cora me disse que terminou a amizade por meio de uma carta na qual dizia perdoar sua amiga, eu me lembrei de ter feito algo parecido quando terminei minha amizade de 25 anos. E, na minha experiência, concordo quando ela diz que sabemos que perdoamos verdadeiramente quando, ao ouvirmos o nome da pessoa, já não sentirmos nada. Eu demorei anos para chegar nesse ponto — é diferente para todo mundo. Seja lá quanto tempo esse processo levar — da amizade à traição e, por fim, o perdão —, a jornada é uma oportunidade de retomar seu poder.

Eu amei que Cora referiu-se à jornada do perdão como "momentos de construção" — não poderia concordar mais. Apesar de terem sido momentos em que me senti incrivelmente desafiada e magoada, ao pensar neles agora, vejo que só me deixaram mais forte. Eu sempre tento procurar a lição em tudo e, para mim, a traição de uma amiga próxima é uma oportunidade de fazer isso: lamentar a perda, perdoar e seguir em frente a fim de viver uma vida plena e livre.

Sebastián Marroquín

Assumindo os Pecados do Meu Pai

"O perdão é acima de tudo uma escolha íntima, uma decisão do coração de ir contra o instinto natural de retribuir a maldade com maldade."

—*Papa João Paulo II*

Sebastián Marroquín nasceu em Medelín, Colômbia, em 1977. Suas lembranças mais antigas de seu pai são comuns: aprender a nadar, jogar jogos de tabuleiros, decorar a árvore de Natal. Ele sempre foi amoroso e atencioso, expressando seus sentimentos abertamente, querendo apenas o melhor para seu filho. Mas, conforme Sebastián crescia, ele começou a perceber que a vida do seu pai estava longe de ser normal. A família vivia em um complexo enorme. Não havia telefones. Eles raramente viajavam e, quando o faziam, eram cercados por seguranças. Então, seu pai começou a aparecer nos noticiários, às vezes por seus projetos públicos — financiando a construção de uma escola ou de um estádio de futebol — e, às vezes, pelos projetos menos altruístas. O pai de Sebastián era o famoso barão das drogas colombiano Pablo Escobar.

Conforme crescia, Sebastián ficava cada vez mais ciente do império de violência que seu pai construíra — e das várias pessoas que foram mortas para mantê-lo. Ele expressava sua desaprovação dizendo a seu pai: "Eu amo você, mas não acredito no que está fazendo. Acho que está causando muito mal a muitas pessoas. Devia achar uma maneira de deixar tudo para trás e encontrar a paz para você e para a família que tem." Para Escobar, não havia como voltar atrás. Isso deixou Sebastián em uma realidade dilacerada, atraído pelo pai gentil que amava, mas afastado pelo traficante de drogas brutal que aterrorizava a nação. Ele explicou a seu pai que não tinha intenção de seguir seus passos; se ele usava violência para provar o que dizia, Sebastián usaria seu coração e suas palavras para construir um mundo bastante diferente.

Em 1993, o reinado de terror de Escobar chegou ao fim, quando foi morto em uma troca de tiros com a polícia colombiana. Essa é a história oficial. Sebastián tem certeza de que seu pai tirou a própria vida. Escobar prometera à família — e aos inimigos — que nunca seria capturado com vida; ele mesmo seria responsável pela bala em sua cabeça. No dia de sua morte, Escobar usou o telefone dez vezes para entrar em contato com sua família. Sebastián foi criado para nunca usar o telefone; a polícia podia rastrear as ligações facilmente. Sua família era monitorada de perto pela polícia depois de tentativas frustradas de fugir do país. Escobar usou essas ligações para dizer à família que os amava. Era claro para Sebastián que seu pai acabara com a própria vida a fim de proteger a daqueles que mais amava. "Ele sabia, lá no fundo, que, se não aparecesse morto, os próximos seriam sua família. Sua esposa e filhos." Quando perguntei se ele sente raiva por seu pai ter dado fim à própria vida, Sebastián diz: "Eu vejo o suicídio de meu pai como talvez seu maior ato de amor por sua família. Ele sabia que a única forma de nos libertar era se matando."

Mas a morte de seu pai não terminou o legado de violência.

Quando Sebastián soube da morte de seu pai, foi tomado pela raiva. Ele jurou a um jornalista — em uma transmissão ao vivo de um rádio — que mataria o homem que matara seu pai. Dez minutos depois, soube que tinha cometido um erro. Desculpou-se imediatamente à população colombiana, declarando "Se um dia eu puder fazer o necessário para trazer paz a este país, é o que farei". Então, ele mandou uma mensagem a todos os homens empregados por seu pai, pedindo que eles cessassem a violência e evitassem machucar mais alguma pessoa. Apesar disso, os rivais de seu pai colocaram uma recompensa de US\$4 milhões por sua cabeça. Para Sebastián, foi uma época de medo constante; ele não conseguia confiar em ninguém, nem mesmo na polícia. Ele e sua família fugiram da Colômbia — primeiro, para Moçambique e, depois, para a

Argentina. Foi então que o leal filho, chamado Juan Escobar em homenagem a seu pai, precisou mudar de nome.

Para escapar do legado de seu pai, Sebastián decidiu assumir responsabilidade pelos crimes dele — crimes dos quais não participara — e apelar para as vítimas à procura de perdão. Ele documentou esse processo em um filme chamado *Pecados do Meu Pai*. Esse projeto permitiu que ele tivesse a oportunidade de aproximar-se das famílias das vítimas de seu pai e pedir perdão em nome dele. "Eu realmente acredito que preciso me responsabilizar pelas ações do meu pai. Ainda que eu não tenha cometido nenhum desses crimes, me senti responsável a pedir o perdão delas." Seus amigos lhe disseram que ele era louco por embarcar nessa missão de perdão, dizendo que as vítimas de seu pai jamais o perdoariam — ele só reabriria ferimentos antigos e se submeteria à vingança delas. Mas Sebastián precisava tentar.

Ele primeiro abordou as famílias das vítimas mais conhecidas de seu pai: os líderes políticos Rodrigo Lara e Luis Carlos Galán. Como o Ministro da Justiça colombiano, Lara estivera determinado a expor Escobar e o Cartel de Medelín. Ele foi morto a tiros em 1984 por um dos assassinos de Escobar. Galán, um querido candidato à presidência e crítico explícito dos cartéis de droga, foi morto a tiros durante um comício da campanha em 1989. As duas famílias receberam Sebastián de braços abertos. Sua vontade de assumir a responsabilidade pelas ações de seu pai, e a vontade das famílias de perdoar, foi um momento decisivo na cultura de vingança que dominara a Colômbia por décadas.

Em seguida, Sebastián procurou as vítimas do voo 203 da Avianca. O avião comercial caiu em novembro de 1989, depois de uma bomba detonar a bordo, matando todas as 107 pessoas, entre passageiros e tripulação. Escobar planejara o bombardeio a fim de assassinar outro candidato à presidencial hostil a seu cartel. De novo, as famílias aceitaram o pedido de perdão de Sebastián. Perguntei o que ele teria feito se alguém lhe dissesse que não o perdoava pelas ações de seu pai. Ele disse que respeitaria sua decisão: "Quando você pede perdão, não deve esperar uma resposta." Ele acredita que as pessoas aceitaram seu pedido de perdão por saberem que ele age por amor, não política.

Em 2009, Sebastián falou publicamente sobre o perdão pela primeira vez. Muitos colombianos ficaram surpresos, já que o perdão e a reconciliação não costumavam ser assuntos no país. Por décadas, a mentalidade era "Atire no cara e pronto, fim do jogo — é como resolvemos as coisas na Colômbia." Mas hoje, quando Sebastián caminha pelas ruas da Colômbia, estranhos frequentemente o param para agradecer-lhe pelo trabalho que está fazendo. O efeito positivo que teve na nação foi enorme. Para ele, o documentário sobre seu pai foi apenas o começo de uma conversa — entre vítimas e agressores — que acontece até hoje e promete livrar os dois lados do trauma do passado e restaurar o caminho à reconciliação. Sebastián realmente acredita que a paz é possível, até mesmo na Colômbia.

Quando Sebastián embarcou nessa jornada, ela não lhe era importante apenas por pedir perdão em nome do seu pai; era também importante porque queria ter um filho algum dia. Sebastián sabia como era lidar com o ódio direcionado a ele por causa dos crimes de seu pai, e não queria passar esse legado para seu filho. "Pelo futuro do meu filho, eu preciso fazer todo o necessário para, pelo menos, lhe deixar um mundo melhor." Ele esperou mais de 20 anos para ter um filho, porque ele e sua esposa queriam ter certeza de que não seriam perseguidos pelas vítimas dos crimes de seu pai. Ele diz: "Meu filho é uma garantia de que vou me comportar pelo resto da vida." Sebastián quer ser honesto com seu filho de seis anos sobre quem seu avô foi e os crimes que ele cometeu. Mas também quer compartilhar com seu filho como seu avô foi amoroso com a família. Ele sabe que, se seu pai estivesse vivo, teria dado ao neto o mesmo amor incondicional que deu a Sebastián. Ele quer que seu filho conheça o verdadeiro Pablo Escobar, não apenas a caricatura macabra tão frequentemente representada na mídia. É o que alimenta a paixão de Sebastián por documentar a vida de seu pai em livros e filmes. Ele quer deixar seu filho com um legado positivo; um legado baseado na verdade que o inspira a seguir um caminho de amor e perdão. Ele diz que reza todos os dias para que seu filho "não se atreva a ser como o avô".

Perguntei a Sebastián se ele perdoa o pai pelos crimes que cometeu e por deixar o filho com um legado tão terrível. Ele respondeu que nunca sentiu a necessidade de perdoar seu pai: "Não sou Deus, então, não tenho o poder de julgá-lo. Segundo, sou parte dele; isso não me dá uma perspectiva neutra sobre as coisas, porque sou muito próximo. Para ser honesto, meu pai só me deu amor. Tudo o que recebi dele foi amor. Então, como posso odiar ou como posso me colocar em uma posição de dizer 'Eu vou perdoá-lo por isso ou aquilo' ou 'eu o condeno por isso ou aquilo'? Realmente não acredito que um filho deva se comportar assim. Nunca pensei na possibilidade de julgar meu próprio pai. Acho que esse é o trabalho de Deus e da sociedade."

Sebastián ainda viaja pela Colômbia, fazendo reparações às famílias afetadas pela violência de seu pai. Ele viu os efeitos positivos que sua jornada teve nas famílias que encontrou. "Depois do processo do perdão, é claro, elas se sentiram melhor. Sentiram, de certa forma, que podiam renunciar ao ódio e à dor. Acho que o perdão não se limita apenas a esquecer as coisas. Talvez seja um sentimento. Não é dizer a alguém 'você precisa esquecer algo'. É curar. É abandonar o ódio que nos deixa doentes."

Hoje, Sebastián é arquiteto, autor de dois livros e produtor de dois documentários. Mas ele sabe que parte de sua identidade sempre será a do filho de Pablo Escobar. Ele sabe que essa jornada de perdão nunca terminará. Essa é a missão de sua vida. Ele teve a chance de virar amigo das famílias das vítimas de seu pai, e isso dá esperança a Sebastián. Sempre que volta à Colômbia, ele visita essas famílias, e elas o recebem em suas casas e em seus corações. "Isso me dá muita esperança. Não há como mudar o passado, mas estou mudando o presente e, é claro, isso afetará o futuro."

Procurei Sebastián depois de assistir aos seus documentários e ler sobre o trabalho maravilhoso que estava fazendo. Eu sabia que um homem que dedicou sua vida a pedir perdão em nome de seu pai devia ser um homem que entendia o perdão intimamente, que conhecia o incrível poder de cura que há no processo de fazer reparações. O que me surpreendeu foi o profundo amor que Sebastián tem por seu pai e quão profundamente o ato de perdoar transformou a vida dele e de incontáveis colombianos.

A decisão de Sebastián de viajar pelo mundo procurando o perdão de completos estranhos, sem saber a resposta que terá, me mostrou que o perdão realmente não se resume a duas pessoas chegando à decisão de perdoar. Em vez disso, o importante é o próprio ato de expressar o perdão. Quer peçamos perdão, quer o entreguemos, frequentemente temos medo da resposta que receberemos. A jornada de Sebastián me mostrou que o ato de pedir perdão nunca é fácil — mesmo quando se faz em nome de outra pessoa —, mas o gesto de pedi-lo é o que faz toda diferença. E isso pode deixá-lo se sentindo mais leve.

O pedido público de Sebastián por perdão ajudou a transformar um dos capítulos mais sombrios da história da Colômbia em uma história de esperança. Aprendi que o perdão é um poder que transcende gerações e que pode fechar as fendas que outrora separaram um país inteiro.

Conclusão

Sou uma pessoa diferente hoje por causa das histórias deste livro, e, agora que você o leu, espero que também seja. Quando comecei essa jornada, honestamente não sabia o que esperar. Depois que comecei, soube que seria mudada para sempre pelas histórias que me contaram, e me contaram muitas histórias. De fato, ouvi tantas histórias que seria impossível colocar todas neste livro, porque elas aconteciam o tempo todo, em quase todas as conversas que tive nos últimos anos.

Quando as pessoas perguntavam no que eu estava trabalhando, eu lhes dizia "Estou escrevendo um livro sobre perdão". Eu lhes contava sobre as pessoas que entrevistei e sobre minha própria jornada com o perdão. Imediatamente, seus rostos mudavam. Algumas sorriam, outras hesitavam, e algumas começavam a chorar. Quase sem aviso, histórias de perdão começavam a ser contadas. Histórias de partir o coração sobre rupturas em famílias, brigas com irmãos, términos de uniões e casamentos. Outras falavam das dificuldades que ainda tinham para perdoar, enquanto outras insistiam, entre lágrimas, que nunca perdoariam. Eram todas histórias de jornadas ao perdão e à liberdade extremamente particulares. Mas a única coisa que tinham em comum? Queriam saber mais.

Quer tenhamos recebido, quer tenhamos dado, ou quer estejamos tentando, o perdão não é estranho a nenhum de nós. O que mais me marcou durante essa jornada é como todos pareciam ficar extremamente curiosos para entender o perdão — para encontrar uma forma de praticá-lo em suas vidas, quer seja com um amigo, com o cônjuge ou um ex-cônjuge, um membro da família ou um parente falecido. Durante esse processo, fiquei surpresa com a forma como as pessoas que entrevistei encontraram uma maneira de transformar sua dor em propósito. A força delas me espanta.

AO ESCREVER ESTE LIVRO, houve dias, depois de uma entrevista, nos quais eu não conseguia falar, dias em que não conseguia pensar em nada além das histórias que estava ouvindo e na incrível força que cada uma dessas pessoas demonstrou. Chorei com algumas delas e fui inspirada por todas.

"Perdão" é uma daquelas palavras que fazem as pessoas pararem. Ela tem certo peso. Ela nos força a fazer pergun-

CONCLUSÃO

tas desconfortáveis a nós mesmos: posso perdoar uma mágoa que nunca deveria ter sentido? Posso perdoar alguém que nunca disse "me desculpe"? Se ainda estou brava, isso significa que não perdoei? E está tudo bem se eu nunca chegar a um momento em que posso dizer "eu o perdoo"? Agora eu sei que a procura pelo entendimento e prática do perdão está em todos os lugares. Para alguns, é uma prática mais fácil do que para outros; eu mesma continuo a ter dificuldade com o perdão. Houve momentos na minha vida em que o rejeitei completamente, e houve momentos em que minha capacidade de o usar me surpreendeu. Houve momentos, escrevendo este livro, em que meu passado voltou; pessoas que achei ter perdoado voltaram à minha vida para me mostrar que na verdade eu precisava me esforçar mais. O conhecimento que adquiri escrevendo este livro me ajudou a mudar minha perspectiva em situações que nunca achei que conseguiria mudar. Peguei-me voltando a essas histórias para me ajudar. Saber que há tantas formas de praticar o perdão me encorajou a seguir em frente com esperança e positividade.

Nós todos sabemos como é sentir mágoa e dor. Todos vivemos traumas que afetaram nossas vidas e nos deixaram à procura de uma forma de restaurar nossa identidade. Seja com a traição de um melhor amigo ou cônjuge, com a perda de um ente querido para um ato de violência, ou sobrevivendo a um evento terrível, nós todos vivemos eventos que mudaram o curso de nossas vidas e nos deram a oportunidade de perdoar. Eu uso a palavra "oportunidade" porque o ato de perdoar é um presente que você dá tanto a si mesmo quanto à outra pessoa. Como você perdoa, quando perdoa, e se é que perdoa são escolhas que ajudarão a moldar o resto da sua vida. Se não aprender mais nada com este livro, espero que perceba que o perdão não é o mesmo para todo mundo. Em vez disso, ele tem todas as formas e tamanhos e será diferente para cada um de nós. Pode demorar um dia ou um ano, ou o resto da sua vida para alcançá-lo. Ou pode nunca acontecer. E tudo bem.

O perdão raramente é um ato simples; frequentemente, é um processo contínuo para alcançar sua liberdade e paz de espírito em relação a uma pessoa ou incidente em particular. É quando você já não carrega o ressentimento, a raiva, a vergonha ou sentimentos negativos — quando você consegue libertar-se. É quando você não permite mais que um incidente controle sua vida — mental, física ou espiritualmente. É reconhecer a mágoa e a dor, permitir-se senti-las e, então, chegar ao momento em que consegue libertar-se, mas não as esquecer.

Acredito que tudo acontece no tempo de Deus e, honestamente, foi só quando pedi a ajuda de Deus que senti que conseguiria seguir em frente com a minha vida. Ainda há momentos em que sinto mágoas antigas arderem? É claro. Mas é a forma como volto a ter perspectiva — usando as ferramentas que aprendi com as entrevistas deste livro — que me permite viver livre dessa mágoa passada. Frequen-

CONCLUSÃO

temente, encontramos conforto na raiva e na mágoa, e a ideia de libertar-nos delas pode ser assustadora e extremamente desconfortável — às vezes, parece que traímos nossa própria dor. Alguns usam a raiva de um incidente específico para alimentar a paixão pela mudança, enquanto outros apegam-se às suas mágoas como se fossem uma posse ou uma parte de seus corpos sem a qual não conseguem imaginar viver. Cada dia é uma oportunidade para tentar novamente, se assim escolhermos.

Como falei na introdução, não sou especialista em perdão, e duvido que conseguiria me sair tão bem quanto as pessoas neste livro caso estivesse na situação delas. Ouvir suas histórias me emocionou e me inspirou imensamente, e é uma bênção poder olhar para o perdão sob uma nova luz. Foi o que me assegurou de que, seja lá o que aconteça na minha vida no futuro, posso fazer uma escolha consciente para perdoar. Hoje, quando sinto raiva, tristeza ou a dor de uma mágoa antiga, penso no incidente, reconheço que perdoei, mas sou gentil comigo mesma. Lembro-me de que estou fazendo o melhor que posso e que todos os dias tenho a oportunidade de voltar a colocar tudo em perspectiva. Quando saio do caminho do perdão — o que acontece com todo mundo —, agora sei que tenho a força e as ferramentas para continuar, não importa quantas tentativas sejam necessárias para chegar aonde quero. Acredito em perdoar, mas não esquecer. Acredito que cada incidente em minha vida aconteceu por um motivo e, às vezes, devemos ter paciência até descobrirmos qual é esse motivo.

Sou profundamente grata por ter embarcado nessa jornada há tantos anos, porque foi o que me permitiu não apenas analisar minhas amizades mais profundamente, mas também todos os aspectos da minha vida. O trabalho que fiz com o perdão me permitiu encontrar um lado meu mais compassivo e empático, e eu realmente acredito que, se não houvesse embarcado nessa jornada, não estaria onde estou hoje, sentindo-me feliz, completa, segura, confiante, capaz e grata. Então você nunca sabe, quando dá aquele primeiro passo, o que pode acontecer mais adiante.

Se você escolheu este livro, pode ter a mesma curiosidade que eu tinha sobre o perdão. Torço para que ele o ajude da mesma forma que me ajudou. Sou profundamente grata a todas as pessoas que compartilharam suas difíceis e corajosas jornadas comigo — todas escolheram participar por terem a esperança de que suas histórias possam ajudar outros em situações parecidas. Elas todas sabem, por experiência própria, como o processo do perdão é verdadeiramente desafiador — é por isso que aprenderam a nunca julgar a experiência alheia. É uma das lições que aprendi.

Eu torço para que este livro tenha o mesmo efeito em você que teve em mim. Mais importante, torço para que você perceba que não está sozinho em sua jornada de perdão e que, seja lá como escolha fazê-la, a cura, a esperança, e o amor o esperam do outro lado. Não existe prazo, então, demore o tempo que for necessário. Tente não se julgar nem aos outros e saiba que, no fim do caminho, há uma dádiva o esperando: a dádiva do perdão.

Agora É Sua Vez

Durante o processo de escrita deste livro, fui constantemente forçada a encarar meu passado e meu presente de frente. Pessoas que achei ter perdoado, descobri que não. Pessoas que eu nem sabia precisar perdoar ressurgiram, assim como as situações que achei já ter resolvido, e percebi que ainda tinha muito a fazer. Não há como viver sem ser magoado nem magoar aos outros. Quando essas mágoas acontecerem, depende de nós confrontá-las — para entendê-las e desapegar-nos. Cabe a nós perdoar — libertar-nos dos fardos do passado.

Descobri que quando dizemos a palavra "perdão", nossas mentes frequentemente pensam em uma pessoa, um lugar, uma situação — algo que não foi resolvido, algo que não conseguimos esquecer. Se aprendi apenas uma coisa ao escrever este livro, foi que o perdão é profundo, desafiador, complexo, e único, mas quando é feito — verdadeira e completamente —, pode ser o maior presente a ser dado a você mesmo e aos outros. Quando conseguimos perdoar, nossas vidas mudam para melhor, e nós nos libertamos.

Agora que você leu este livro, eu o incentivo a parar e refletir. Use o espaço abaixo para escrever a alguém que quer perdoar — ainda que seja você mesmo — ou a alguém que deseja que o perdoasse. Pode guardar essa mensagem consigo mesmo, ou pode compartilhá-la. Pode entregar este livro a alguém que você acha que se beneficiará com sua leitura, e pode contar a essa pessoa a sua jornada. Compartilhar sua história e suas dificuldades pode ajudar outras pessoas que passam pela mesma coisa — e pode ajudar você. Então escreva uma mensagem para um ex-amigo, um ente querido, alguém que pode não estar mais nesta terra ou para si mesmo. Escreva para quem o magoou ou para alguém que você magoou. E prepare-se para viver mais livre e mais leve. Boa sorte!

AGORA É SUA VEZ

A DÁDIVA DO PERDÃO

Projetos corporativos e edições personalizadas
dentro da sua estratégia de negócio. Já pensou nisso?

Coordenação de Eventos
Viviane Paiva
viviane@altabooks.com.br

Assistente Comercial
Fillipe Amorim
vendas.corporativas@altabooks.com.br

A Alta Books tem criado experiências incríveis no meio corporativo. Com a crescente implementação da educação corporativa nas empresas, o livro entra como uma importante fonte de conhecimento. Com atendimento personalizado, conseguimos identificar as principais necessidades, e criar uma seleção de livros que podem ser utilizados de diversas maneiras, como por exemplo, para fortalecer relacionamento com suas equipes/ seus clientes. Você já utilizou o livro para alguma ação estratégica na sua empresa?

Entre em contato com nosso time para entender melhor as possibilidades de personalização e incentivo ao desenvolvimento pessoal e profissional.

PUBLIQUE SEU LIVRO

Publique seu livro com a Alta Books.
Para mais informações envie um e-mail para: autoria@altabooks.com.br

CONHEÇA OUTROS LIVROS DA **ALTA BOOKS**

Todas as imagens são meramente ilustrativas.

 /altabooks /alta-books /altabooks /altabooks

Rua Álvaro Seixas, 165
Engenho Novo - Rio de Janeiro
Tels.: (21) 2201-2089 / 8898
E-mail: rotaplanrio@gmail.com